CRIMINOLOGIE
Débats & réflexions

CRIMINOLOGIE Débats & réflexions

À mes parents pour leur soutien inconditionnel, leur aide précieuse tout au long de ma vie

À mes enfants, qui sont la plus belle réussite, qu'un homme puisse souhaiter, pour ce qu'ils sont, mais aussi pour ce qu'ils deviendront…

Merci à Jean-Louis Vincent, pour son aide précieuse à la relecture de mes écrits.
Sa générosité et le temps qu'il me consacre apportent une plus-value à mes histoires…

CRIMINOLOGIE Débats & réflexions

« Que celui qui combat les monstres
prenne garde dans sa guerre,
à ne pas devenir un monstre lui-même.
A force de plonger trop longtemps
votre regard dans l'abime,
c'est l'abime qui entre en vous. »

Friedrich Nietzsche »

CRIMINOLOGIE Débats & réflexions

PREFACE

Au travers des écrits sur les affaires criminelles, il est important de s'interroger régulièrement sur les tenants et aboutissants et de notre façon de penser, comme du fonctionnement de notre société. Il ne faut pas oublier que c'est nous qui formons et essayons jour après jour de façonner notre existence mais aussi le genre humain, avec tout ce qu'il a de bénéfique, mais également ce qu'il a de dangereux avec sa partie obscure.

Il est réducteur de penser qu'il y a d'un côté, le bien et de l'autre le mal. Ces éléments sont, par leur nature, indissociables. Comment voulez-vous juger le bien, si le mal n'existe pas ? Comment juger une injustice si dans notre société, la plupart du temps, la justice est rendue ? même si pour chacun de nous elle n'est jamais au niveau de nos attentes. On sait que notre justice est imparfaite aux yeux de beaucoup, mais elle a le mérite d'exister, par rapport à certains pays qui sous la bannière d'une dictature, ne connaissent pas le droit et la justice tels que nous l'entendons.

Sur plusieurs volumes « les grands criminels », je voulais ajouter des indications en lien avec une ou deux affaires présentées dans le livre. Mais je me suis rendu compte que cela serait peu fructueux, en effet plusieurs affaires sont concernées parfois sur une même explication. Il m'a donc semblé important de réunir ces travaux dans un seul ouvrage, les intégrer dans des chapitres distinctifs, les compléter pour leur donner un sens global et les transformer enfin en des pistes intéressantes. Ainsi le lecteur va découvrir des idées et de la documentation sur la criminologie en général. Il va sans doute adhérer à certaines idées, se détacher d'autres dans lesquelles il ne se reconnaîtra pas, mais l'exercice aura l'énorme atout de le faire s'interroger.

Dans chaque histoire, j'ai présenté un schéma en plusieurs points, l'aspect historique, l'aspect législatif et le regard de la société sur le sujet. Je m'efforce, comme la plupart du temps, de ne pas trop faire apparaître mon opinion afin qu'elle ne soit pas source d'influence sur vos réflexions, ce qui n'est pas le but. J'ai voulu surtout que vous ayez les bases pour vous forger votre propre opinion, à mon sens, il est important que le lecteur puisse le faire sans subir la moindre incitation dictée. Une personne qui lit, réfléchit et se questionne sur un fait de société, sera une personne qui sera à même de se prononcer avec un total détachement si un jour il lui arrive d'être juré, sans haine, sans crainte et surtout sans aprioris, comme le serment le rappelle, « en votre âme et conscience ».

Cet ouvrage est divisé en plusieurs chapitres : les forces de l'ordre, car il est important de rappeler leurs différents domaines d'intervention, leur histoire mais aussi leurs difficultés, ce sont eux les premiers qui interviennent dans le schéma judiciaire et criminel. Dans l'histoire et la culture, on trouve des éléments qui nous permettent de découvrir ou redécouvrir des lieux emblématiques, des rites ou des avancées technologiques qui ont permis aux tribunaux et professionnels judiciaires de mieux juger les coupables. Dans les débats de société, nous trouvons des pistes sur notre façon, nous le public, d'appréhender le crime, mais également des explications sur les idées reçues.

La justice telle que nous la connaissons est scindée en deux parties, la justice dans sa globalité, mais aussi, la justice spécialisée qui traitent d'affaires plus complexes, comme la condamnation d'un auteur en son absence, la cour de révision qui permet parfois de rejuger une affaire, alors que tout les moyens ont été utilisés, et puis comme beaucoup le pense à tort ou à raison, la grâce présidentielle, qui est un pouvoir régalien n'appartenant qu'au Président de la République, qui toutefois se doit de l'effectuer dans le respect de la constitution.

J'ai voulu traiter également de certains troubles du comportement observés chez des criminels célèbres, même si l'exercice s'est avéré très compliqué, n'ayant aucune connaissance médicale. Sur le chapitre de la peine de mort, certains articles étaient présents dans l'ouvrage « Aller simple pour l'échafaud -la peine de mort en France- ». Je me suis forcé de les actualiser et les enrichir de mes nouvelles recherches. Pour terminer, j'ai décidé de vous présenter quelques personnages célèbres mais aussi chers à mon cœur, comme mon complice regretté, Gérard Bouladou.

Désormais, ce nouveau livre vous appartient, j'attends avec impatience, vos remarques ou suggestions pour, qui sait, une éventuelle suite...

Forces de l'ordre

CRIMINOLOGIE Débats & réflexions

Le Bureau Fédéral des Investigations

Nous sommes aux Etats-Unis, sous la présidence de Théodore Roosevelt. C'est dans le légendaire bureau ovale de la Maison Blanche qu'en cette journée du 26 juillet 1908, le ministre de la Justice, Charles Bonaparte, petit neveu de Napoléon 1er a l'idée de fonder le bureau des investigations (Bureau of Investigation). Ce n'est seulement qu'en 1935 que le FBI (Fédéral Bureau of Investigation) prendra ses lettres de noblesse connues aujourd'hui dans le monde entier et rendues célèbres par les nombreux films et séries tirés de cette organisation au service de la justice.

A l'époque, les bureaux sont basés à Washington, capitale des Etats-Unis, et ne regroupent qu'une dizaine d'inspecteurs qui ont comme principale mission de lutter contre le crime organisé. Aujourd'hui tout a bien changé : le FBI est représenté dans plus de 400 villes américaines sans compter les nombreuses ambassades dans le monde. Formée d'une dizaine de policiers au début, elle compte désormais des milliers de fonctionnaires au service de l'Etat.

Ses missions ont aussi évolué. Les compétences du FBI portent notamment sur l'antiterrorisme, le contre-espionnage, le crime organisé (mafia), les enlèvements (après celui du fils de Charles Lindbergh en 1932), le crime en col blanc et la criminalité financière, la collecte de renseignements généraux. Sa devise officielle est Fidelity, Bravery, Integrity (fidélité, bravoure et intégrité). Du crime organisé, le FBI est passé maintenant à environ 200 catégories de crimes et délits. C'est l'organe judiciaire le plus important du gouvernement américain. Le sceau du bureau fédéral, reconnaissable entre mille est créé par Joseph Gauthier et c'est en 1941 qu'il est utilisé pour la première fois. Ses services sont régis sous la tutelle du département de la justice. C'est lui qui est chargé de lui accorder son budget évalué à plusieurs milliards et définie ses priorités.

Le personnage le plus emblématique du FBI reste très certainement J. Edgar Hoover qui est nommé directeur du BOI, le 10 mai 1924. Il travaille à ce poste durant 48 ans jusqu'à son décès en 1972. Ce qui fait la singularité de cet homme est son investissement dans les affaires que le FBI est amené à traiter. Il a un œil sur tout et suis de très près la plupart des enquêtes jusqu'à leur terme. C'est lui qui en 1932 a accompagné le changement de sigle du bureau pour le faire évoluer vers le FBI en 1935. Il en profite également afin de répondre à un besoin croissant pour créer le Scientific Crime Detection Laboratory (Laboratoire de détection de la criminalité) qui est en fait le creuset des débuts de la police scientifique. Alors qu'en France, Alphonse Bertillon connait sa notoriété avec ses empreintes, les Etats-Unis découvrent d'autres moyens d'investigations comme les taches de sang ou encore les analyses d'armes à feu.

Les pouvoirs du FBI évoluent avec le temps. Entre les deux guerres mondiales, il renforce la police locale dans le maintien de l'ordre. Pendant la période de la prohibition où l'alcool est interdit, ce sont eux qui se chargent de faire respecter la loi. Ce qui permet la notoriété d'un célèbre agent, Eliott Ness, dans les différents films et séries « Les incorruptibles ». Parmi ses actions d'éclats, la plus célèbre reste l'arrestation d'Al Capone... pour « fraude fiscale ... »

Dans les années 1930, la guerre contre le crime est déclarée. C'est ainsi que le FBI va procéder à l'arrestation entre autres des bandits les plus célèbres : John Dillinger, Baby Face Nelson, Kate Ma Barker, Alvin "Creepy" Karpis, et George

Machine Gun Kelly. C'est également à cette période, que le FBI est chargé de lutter contre l'influence du Ku Klux Klan, dont les activités racistes sont en recrudescence notable. Par ailleurs, grâce au travail d'Edwin Atherton, le FBI arrête un certain nombre de néo-révolutionnaires mexicains, près de la frontière de Californie, dans les années 1920.

Edgard Hoover étend sa surveillance de même que ses enquêtes aux membres du gouvernement. C'est ainsi qu'il demande à ses agents de s'occuper de Jack Valenti, le conseiller spécial du président Lyndon Johnson nommé peu après l'assassinat de John Fitzgerald Kennedy, le 22 novembre 1963. Une enquête qui aujourd'hui peut sembler pour le moins curieuse, mais qui a pour but de déterminer si Valenti est homosexuel ou non. Si l'accusation est prouvée, sa carrière est ruinée. Ce qu'il ne manque pas de faire peu avant l'élection de 1964. Le plus paradoxal est qu'Edgar Hoover n'est pas marié et vit avec un homme, Clyde Tolson, depuis plus de 40 ans. De nombreuses suspicions sont portées sur son homosexualité.

C'est durant l'année 1975, à la mort de Hoover, que le FBI s'installe dans ses nouveaux quartiers, dans le bâtiment baptisé du nom de son créateur « John Edgar Hoover FBI Building ». La même année, le congrès décide de voter une loi pour empêcher qu'à l'avenir un directeur du FBI ne puisse rester aussi longtemps à sa tête. La durée maximum du mandat est désormais fixée à 10 ans. Ce qui permet comme le craint, à juste titre, la Maison Blanche d'avoir une personne à la tête du prestigieux bureau quasi intouchable. Hoover ne s'est jamais caché d'avoir à plusieurs reprises pris le pas sur des décisions relevant normalement du pouvoir politique en exerçant des pressions.

Le bureau fédéral, au fur et à mesure des années, s'adapte à la criminalité en développant des services spécialisés pour endiguer la criminalité sous toutes ses formes. En 1984, le Hostage Rescue Team (l'équipe de secours des otages) pour la lutte anti-terroriste est chargée de sa première mission pour les Jeux Olympiques de 1984. Cette création rejoint le TREVI (Terrorisme, Radicalisme, Extrémisme et Violence internationale) d'Europe et travaille également avec le SWAT (Special Weapons and Tactics), une unité de police spécialisée dans les opérations paramilitaires dans les grandes villes. La même année, le CART (Computer Analysis and Response Team) est créée pour s'occuper des problèmes de sécurité informatique. Tout comme les autres pays ce sont les événements de Munich en 1972 qui sont à l'origine de ces différentes créations.

Le bureau fédéral continue sa mutation pour s'adapter à son époque. Au début des années 1990 les agents voient leurs missions évoluer. La guerre froide a pris fin et le mur de Berlin est tombé en 1989. Ce sont près de 300 agents jusqu'à présent occupés au contre-espionnage qui sont réaffectés dans des missions de prévention et d'interception des crimes violents. Ils assurent une assistance à la police locale lorsque celle-ci les sollicite ou lorsqu'un délit est commis à la fois sur plusieurs Etats. C'est ainsi que le FBI continue à se développer et se professionnaliser dans la lutte contre les criminels, mais également et surtout dans la police scientifique. La lutte contre le terrorisme n'est pas en reste avec l'attentat du World Trade Center en 2001 et les négociations pour la secte de Waco en 1993.

Les missions du FBI augmentent avec les années et se diversifient. En 1994, le bureau peut également être saisi pour des affaires de bavures policières. En 1998 ce sont la surveillance informatique qui est renforcée, comme les différents moyens de communication et la surveillance électronique. Le légendaire bureau continue de faire rêver, en 2005, pas moins de 115 000 candidatures ont été reçues pour intégrer le FBI, seule 2 900 ont retenues.

C'est en Virginie dans le campus de Quantico que les nouvelles recrues sont formées au sein de la FBI academy. Dix-sept semaines minimums sont nécessaires pour devenir un agent du FBI, les exercices et l'entrainement sont réputés comme étant particulièrement éprouvant. Les techniques de filature, tout comme les 120 heures de tirs, ou encore le respect des procédures, l'utilisation des sciences et le recueil des indices sont ensuite mis à l'épreuve. En effet, ce n'est qu'après deux années sur le terrain que l'agent du FBI reçoit enfin son accréditation. En plus d'un diplôme universitaire, les candidats sont en moyenne âgés d'une trentaine d'années. L'académie recrute de préférence des candidats qui ont déjà un parcours professionnel et une certaine expérience. Les principaux postulants viennent des forces armées, même si depuis quelques années on n'hésite pas à ouvrir l'académie à toutes les couches de la population.

Au sein du campus figure le FBI National Academy, qui s'occupe des cours de perfectionnement pour des policiers américains et étrangers chevronnés.

CRIMINOLOGIE Débats & réflexions

Le Groupe d'Intervention de la Gendarmerie Nationale

Nous sommes le 1er mars 1974 lorsque nait officiellement le GIGN (Groupe d'Intervention de la Gendarmerie Nationale). Certes, derrière cette date, c'est un long processus qui a permis sa création pour répondre à un besoin.

Les bandits d'honneur, comme on les appelle, disparaissent progressivement. Une nouvelle forme de criminels fait son apparition. Les armes et méthodes employés sont différentes et doivent de ce fait être traités différemment. Les armes de poing font place le plus souvent à d'autres méthodes : rapts, bombes, prises d'otages. C'est ainsi que dès le 3 novembre 1973, la gendarmerie nationale créé son premier groupe d'intervention l'ECRI (Equipe

Commando Régionale d'Intervention). Bien qu'il soit encore au stade expérimental, ce groupe réussit tant bien que mal à mener à bien ses missions et, petit à petit, permet la naissance de ce qui devient le GIGN plus étoffé et encore plus professionnel.

Ce sont les événements durant les jeux olympiques de Munich en 1972 qui forcent les autorités européennes à se doter de forces de police spécialisées dans ce genre d'attaque. « Septembre Noir », le groupe terroriste responsable du massacre de la délégation palestinienne durant les jeux, démontre par son action qu'aucun pays n'est prêt à se battre contre cette menace. C'est ce qui fait la force des fanatiques en tout genre.

Pendant que la police met en place la création de la BRI (Brigade de Recherche et d'Intervention) sous l'impulsion de deux commissaires de l'antigang, Leclerc et Broussard, la Gendarmerie est préférée à la Police quant à la création d'un groupe d'intervention mobile, aux structures souples, à vocation anti-terroriste, du fait de sa structure militaire plus à même de mettre au point ce type d'unité.

Deux GIGN sont créés. Le GIGN 1 basé à Paris et un second le GIGN 4, rattaché à l'escadron des parachutistes de Mont-de-Marsan. C'est le capitaine Jean-Pierre Baux et le lieutenant Christian Prouteau qui mènent ces groupes d'action. Le lieutenant

Mottin renforce l'équipe et permet l'entrainement des hommes aux missions qui les attendent.

Le handicap en fait, de la mission de l'ECRI est que son champ d'action est limité à la région parisienne. Avec le nouveau GIGN, c'est le territoire national qui est couvert et les intérêts français à l'étranger, dans le cas naturellement d'une coopération avec le pays d'accueil. Après quatre mois d'entrainement intensif et seulement neuf jours après leur création officielle, le nouveau GIGN remplit déjà sa première mission en maîtrisant un forcené à Ecquevilly, dans le département des Yvelines. Le processus est lancé, les interventions se multiplient et on le fait savoir, comme pour annoncer aux éventuels terroristes et malfrats que désormais une force de frappe et d'intervention est disponible.

L'Europe n'est pas en reste. En Allemagne c'est le GSG9, en Belgique, le groupe Diane, au Royaume Uni les SAS. Les groupes censés protéger des attaques sont constitués les uns après les autres comme pour se rassurer et surtout se doter d'une force de frappe efficace pour que Munich reste à jamais un échec sécuritaire du passé. Même les Etats Unis décident de créer le groupe Delta Force.

La gendarmerie continue son ascension et dès 1976 renonce à son idée première de créer un GIGN dans chaque région. Elle regroupe le GIGN 1 et 4 au sein de Maisons-Alfort dans le Val de Marne, ce afin de se rendre plus efficace pour regrouper les entraînements et les différents talents. Le recrutement devient donc national et très difficile. Outre le fait d'appartenir déjà au corps de la gendarmerie, il faut disposer d'atouts intellectuels et physiques impressionnants, complétés par un calme et une clairvoyance obligatoire durant les gestions de crise.

C'est tout naturellement que le lieutenant Paul Barril rejoint son ami Christian Prouteau comme adjoint. Le lieutenant Masselin est rejoint également par un autre lieutenant, Claude Lepouzé. Plus que des collègues, ce sont des amis qui croient fortement à leur mission et se donnent les moyens d'une réussite sans faille. En 1982, les quatre hommes forment la base même du GIGN. Grâce à Christian Prouteau, les missions se succèdent avec succès notamment celle de Djibouti. Durant le mois de février 1976, des militants indépendantistes du Front de libération de la Côte des Somalis (FLCS) prennent en otage un autobus d'enfants. Le lendemain, l'assaut est donné pour les libérer. Un tir simultané est coordonné pour abattre en même temps cinq des huit terroristes qui retiennent parmi leurs otages 30 enfants français.

Les gendarmes du GIGN respectent les règles d'éthique et de déontologie qui font la réputation et l'honneur de ce corps de métier. La maîtrise des armes et leur utilisation sont des points importants au sein de l'entraînement. Le groupe insiste fortement sur la nécessité de ne les utiliser qu'en ultime recours. Ils apprennent à blesser un individu pour le neutraliser en évitant de le tuer. Pour une raison simple : vivante l'auteur est passible des tribunaux et doit affronter les familles des victimes éventuelles qui peuvent s'adresser à un visage pour calmer leur douleur plutôt qu'à la dépouille de son auteur, qui laissera à jamais des questions sans réponse.

Parmi quelques interventions on peut citer l'interpellation du leader indépendantiste basque Philippe Bidard en février 1988, l'opération menée dans la grotte d'Ouvéa en mai 1988, une opération controversée qui se solde par la mort de 19 indépendantistes du FLNKS et de deux militaires des forces spéciales entre les deux tours de l'élection présidentielle. La plus célèbre, toutefois, reste l'assaut contre l'Airbus sur l'aéroport de Marignane en décembre 1994 pour libérer les 173 otages d'un commando islamiste. L'opération à l'époque est réputée très difficile, aucun groupe dans le monde n'est intervenu jusqu'à cette date dans un avion.

Le GIGN n'est pas en reste non plus avec sa publicité. Il se prête souvent au jeu en apportant sa collaboration dans des séries télévisées ou des films. La communication est très importante, car elle permet de mieux faire comprendre à la population le travail et les risques encourus. En 1975, dans le film « Peur sur la ville », c'est grâce à la présence des membres du groupe que la descente en rappel d'un hélicoptère sur un immeuble est possible. En 2011 le film « L'assaut » rappelle l'épisode de Marignane.

En 2019, le film « l'intervention » rappelle les premiers pas du GIGN à Djibouti en 1976, dernière colonie française. Des terroristes prennent en otage un bus d'enfants de militaires français et s'enlisent à une centaine de mètres de la frontière avec la Somalie. La France envoie sur place pour débloquer la situation une unité de tireurs d'élite de la   Gendarmerie.

Le GIGN est surtout une unité pour gérer des missions particulières. Elle développe elle-même ses outils pour répondre à une situation proche d'une guerre en temps de paix. Les épreuves de sélection sont difficiles et s'accompagnent, à l'issu de l'incorporation, d'un stage d'un an auprès des anciens qui doivent également accepter les nouveaux arrivants pour apprécier leur dévouement et leurs compétences.

Au sein du GIGN figure une équipe d'alerte composée d'une vingtaine d'hommes basés dans la caserne de Satory. Ses membres sont capables de partir en opération dans la demi-heure qui suit, avec tout le matériel, qu'il soit électronique ou informatique, mais également l'armement, qu'il soit individuel ou de précision, voir le nécessaire pour répondre à des engins explosifs, afin de ne pas perdre de temps et pour palier à toute situation sur place.

Les informations sont données aux hommes par radio au fur et à mesure de leur évolution pour permettre une intervention plus efficace. C'est l'indépendance d'esprit du groupe et sa liberté pour concevoir l'avenir en s'appuyant sur les évolutions criminelles des différents malfrats et terroristes qui permet au groupe d'intervention d'avoir une sensibilité opérationnelle unique, comme le précise le commandant Frédéric Gallois qui a commandé l'unité de 2002 à 2007.

Durant 15 ans les sous-officiers restent au GIGN dont 12 ans sur les interventions. Les gendarmes doivent rester polyvalents dans les métiers à exécuter au sein du groupe que ce soit naturellement pour l'intervention mais également pour l'observation, la protection voire la formation. Chacun doit apprendre à vivre en équipe comme une famille en gérant les caractères individuels de chaque membre. On doit pouvoir compter sur chaque homme de l'unité comme un seul homme.

« Les membres du GIGN sont des individus hors pair, fondus dans un esprit de corps très fort, avec un sens aigu de la mission et de l'engagement », conclut le général Favier qui a mené le groupe à l'assaut de Marignane. C'est pour cette raison, le plus souvent, après en avoir fait la demande que les différents réalisateurs sont reçus par l'équipe de communication du GIGN. Deux missions essentielles sont alors portées, le travail rigoureux des équipes expliqué pas à pas aux acteurs et cascadeurs qui devront refaire l'opération réelle pour les besoins de la fiction, explications techniques et faisabilité par rapport au scénario. Parfois les professionnels du GIGN acceptent d'être des conseillers techniques attachés à l'équipe du film, voire des figurants pour apporter plus de vérité sur les scènes d'action. L'image véhiculée est aussi importante que le travail réalisé pour une meilleure compréhension des risques que prennent ces hommes et ces femmes jour après jour...

La Brigade de Recherches et d'Intervention

Les années 1960 ont bien amorcé l'arrivée du rock'n'roll et le twist fait des ravages dans les soirées jeunes. Adieu les valses et le tango. Mais si cette époque a marqué les esprits, elle est aussi un tournant pour les forces de police. En 1964, la criminalité a bien changé, les parrains des bars parisiens ou marseillais disparaissent peu à peu pour faire place à une nouvelle forme de banditisme. Une violence qui mêle le kidnapping et les attaques à mains armées.

C'est le 22 septembre 1964 que la préfecture de police n'a pas d'autre choix que de créer une nouvelle force capable de répondre à la forte augmentation de cette délinquance. Ainsi la Section de Recherche et d'Intervention (SRI) voit le jour. C'est une véritable révolution dans les pratiques policières. Cette section va enquêter bien avant que le délit soit commis sur les braqueurs présumés pour les prendre en flagrant délit lors du méfait. Jusqu'à cette date la police diligentait une enquête après l'acte.

Son fondateur, François Le Mouël, qui devient le premier chef de cette section déclarait à l'époque : « Au lieu de partir du crime pour aller au criminel, on partait du criminel pour aller au crime avec, en filigrane, l'idée de prévention... ». En 1967, la section prend ses lettres de noblesse pour s'appeler la BRI (Brigade de Recherches et d'Intervention). Cette brigade va se trouver être un précurseur dans ce qui allait suivre. En effet, avec les attentats des jeux olympiques de Munich en 1972, on se rend bien compte que nous ne possédons aucun groupe d'intervention formé pour les urgences. Un peu plus tard le RAID (Recherche Assistance Intervention Dissuasion) fera son apparition. En attendant la BRI constitue sa Brigade Anti-Commando (BAC) qui réunit des policiers d'autres unités parisiennes avec les hommes de la BRI.

La BRI, plus connue sous le nom « d'antigang », est l'une des brigades centrales de la direction de la police judiciaire parisienne. Pionnière, elle s'est forgée, au fil des affaires, des compétences et un savoir-faire qui inspirent la création du Raid en 1985, sous l'égide de certains de ses anciens membres. Aujourd'hui encore, elle mène de front lutte contre le grand banditisme et interventions en situation de crise.

Si l'une de sa principale mission créatrice est de surveiller les malfaiteurs susceptibles de passer à l'acte, elle est aussi capable de monter au créneau dans un affrontement armé contre des équipes particulièrement dangereuses voire contre un ennemi public numéro un. Elle recueille plusieurs renseignements et possède l'un des fichiers les plus complets basé sur le grand banditisme d'hier et d'aujourd'hui. Souvent, ces informations servent de base aux enquêtes et permettent d'assister les autres services dans leurs enquêtes. La BRI pratique également la négociation qu'elle privilégie dans ses interventions, même si elle est capable par la suite, en cas d'échec, d'intervenir de manière musclée.

Au sein de la BRI, plusieurs groupes spécialisés suivent des entraînements continus pour être les plus opérationnels possibles. Que ce soit pour le tir, la filature ou la surveillance, aucune place pour l'amateurisme. Non seulement il y va de leur crédibilité, mais également de leur image. Ces hommes sont avant tout des professionnels formés aux techniques les plus pointues. On attend beaucoup d'eux et paradoxalement on ne leur pardonne jamais, lorsqu'une interpellation ne se déroule pas comme prévu. Ils le savent, mais demeurent aussi persuadés que chaque intervention est différente et que le risque zéro n'existe pas, quelle que soit la préparation, aussi bonne soit elle. Lors d'une prise d'otages, il faut savoir prendre la décision qui s'impose alors que l'on ne connaît que très peu son auteur. La négociation est parfois impossible, notamment dans le cas du terrorisme. Il faut donc agir et accepter parfois les lourds dommages collatéraux.

Les 50 policiers qui composent la BRI sont épaulés par 70 autres de la brigade anti-commando. La brigade cynophile vient renforcer la BAC lorsque la situation l'exige. Sur les 100 candidats policiers qui se présentent afin d'intégrer la brigade, en moyenne 4 seulement sont retenus et pour une durée de 3 ans.

Plusieurs interventions célèbres ont fait la notoriété de cette brigade comme en août 1977 lorsqu'elle libère le banquier Bernard Mallet séquestré dans une cave à charbons. En 1981, lorsque qu'au consulat de Turquie des terroristes prennent 51 personnes en otages, il faudra 15 heures de négociation pour que le chef du commando accepte de se rendre.

Du 7 au 9 janvier 2015, après le massacre au sein de la rédaction de Charlie Hebdo qui fera 12 morts et l'assassinat d'une policière municipale à Montrouge, trois terroristes prendront la fuite. Deux d'entre eux seront neutralisés à Dammartin-en-Goële par le Groupe d'Intervention de la

Gendarmerie Nationale (GIGN). La BRI pour la première fois en formation FIPN (Forces d'intervention de la police nationale) avec le RAID, neutralisera le dernier djihadiste qui venait de tuer quatre otages dans une épicerie casher, Porte de Vincennes.

La BRI dépend de l'OCLO (Office Central de Lutte contre le Crime Organisé) qu'on appelait auparavant l'OCRB (Office Central de Répression du Banditisme), elle se met, sur demande, à la disposition de la DRPJ (Direction Régionale de la Police Judiciaire ou de la DIPJ (Direction Interrégionale de Police Judiciaire). D'autres services peuvent naturellement les solliciter comme la Sécurité Publique ou la police d'un état étranger. Ce travail demande un grand sang-froid et un esprit d'équipe très poussé. L'interpellation idéale se faisant en profitant d'un relâchement des individus et à un endroit où tout risque de fusillade est écarté pour ne pas avoir des victimes innocentes.

Un autre personnage célèbre va participer aux heures de gloire de la BRI, Robert Broussard, qui en prend le commandement de 1978 à 1982. C'est lui qui en 1979 procède à l'arrestation de l'ennemi public numéro un : Jacques Mesrine. Repéré par les hommes de l'OCRB, la BRI est la seule compétente sur le territoire parisien pour intervenir. Durant de longues semaines, après l'évasion l'an passé de Mesrine de la prison de la Santé, les hommes du commissaire vont réussir à monter une intervention qui fera polémique. Le 2 novembre 1979, porte de Clignancourt, le piège se referme sur le truand et les policiers font feu sur son véhicule. Jacques Mesrine est tué sur le coup. Un peu plus tard, sa compagne de l'époque, Sylvie Jeanjacquot tentera en vain d'incriminer la brigade en parlant d'une exécution. Fort heureusement, la justice a donné raison aux hommes qui sont intervenus pour leur sang-froid et leur efficacité.

François Le Mouël, fondateur de la brigade décède le 4 octobre 2015 à l'âge de 88 ans. Après en avoir été le premier chef jusqu'en 1971, il devient commissaire divisionnaire et chef de l'office central pour la répression du trafic illicite. Il finit sa carrière en 1987 après avoir été nommé chef de l'Unité de Coordination de la Lutte Anti-Terroriste (UCLA) au cabinet du directeur général de la police nationale.

Ce grand homme qui a bravé tous les dangers durant sa carrière est victime d'un accident de la circulation à Joinville-le-Pont situé dans le département du Val de Marne, alors qu'il traverse non loin d'un passage piéton. Un camion démarre au feu vert sans prêter attention et passe sur les jambes du pauvre homme. Ses blessures obligent les secours à placer l'octogénaire en coma artificiel à l'hôpital Henri-Mondor de Créteil. Malgré les soins apportés pour tenter de le guérir, François Le Mouël décède peu de temps après. Le tombeur de la « French Connection » plus gros réseau de drogue des années 70, reste l'une des figures emblématiques de la PJ française. « Monsieur, je n'ai pas eu peur des Boches, je n'ai pas eu peur des voyous, je n'ai pas peur de vous ! » Ainsi répliqua François Le Mouël à Gaston Defferre quand, en 1982, le ministre socialiste de l'Intérieur tentait de faire pression sur lui pour régler une nomination.

Même si la BRI/PP (brigade anti-commandos) est spécifique à la Préfecture de police de Paris, d'autres BRI sont également décentralisées et placées sou l'autorité des DIPJ (Direction Inter-régionales de Police Judiciaires). Elles renforcent par ses actions l'appui logistique et opérationnel des services de la Police judiciaire. Les premières BRI furent créées à Lyon en 1977 puis à Nice en 1978 et à Marseille en 1986. Ce sont les trois BRI dites traditionnelles. Dans le même temps, Les Brigades Régionales d'Enquêtes et de Coordination (BREC) ont disparu au 1er janvier 2008 pour devenir des BRI (avec l'avantage d'une compétence nationale, et non plus régionale ou interrégionale).

Les attentats de Paris en 2015 et 2016 ont persuadé le pouvoir en place que la BRI avait encore de grandes missions à accomplir dans les années à venir. L'augmentation de ses effectifs est fortement envisagée. Une unité d'élite qui défila en 2015 sur les Champs-Élysées et qui alimente aujourd'hui encore l'imaginaire des cinéastes, comme en témoigne le dernier film « Antigang » mettant en scène l'acteur Jean Reno, qui fit près de

300 000 entrées. Durant l'année 2016, tandis que Renaud chante « J'ai embrassé un flic », les supporters de l'équipe de football d'Irlande s'illustrent par leur hymne repris en chœur dans les rues de Paris « Stand up for the french police!") » (Debout pour la Police française).

Comme la plupart des policiers, ils ne sont félicités que lors des attentats ou de dangers graves, le reste du temps, ils restent des flics exerçant un métier mal compris et méprisé, obligés d'effectuer leur travail avec peu de moyens, même si tout le monde est d'accord sur son utilité. Dans le film « le solitaire », le petit Simon qui a perdu son père policier en exercice (Michel Creton) demande à son parrain (Jean-Paul Belmondo) si son père était un bon flic ? Ce dernier lui répond qu'il ne faut pas dire « Flic », ceux qui disent ça sont ceux qui ne les aiment pas. Après un temps d'hésitation, le parrain répond à son filleul : « C'était un bon flic ! »…

Recherche, Assistance, Intervention, Dissuasion

C'est le 3 octobre 1985 que le RAID (Recherche, Assistance, Intervention, Dissuasion) est créé sous l'impulsion de trois hommes clefs. Le premier Robert Broussard, chef de l'antigang qui s'est rendu célèbre notamment par la neutralisation de l'ennemi public numéro un, Jacques Mesrine en 1979. Deux policiers comptent également : Christian Lambert, gardien de la paix devenu commissaire avant d'être nommé préfet et qui assure la direction du RAID de 2002 à 2004. Ange Mancini, qui débauché du Service Régional de la Police Judiciaire (SRPJ) d'Ajaccio, devient le premier chef du groupe en 1985, poste qu'il assure jusqu'en 1990. Un homme politique, Pierre Joxe, ministre de l'intérieur sous la présidence de François Mitterrand permet également la création de ce groupe d'élite. C'est le travail commun entre les forces de police et l'homme politique qui permet au RAID de voir le jour. Le décret est signé en conseil des ministres. La volonté est très forte de doter la France d'une équipe efficace pour gérer les situations de crises au sein de la police nationale. Même le commissaire divisionnaire Nguyen Van Loc surnommé « le chinois » à qui on doit la création du GIPN (Groupe d'Intervention de la Police Nationale) apporte sa pierre à cet édifice.

Il est rattaché à l'UCLAT (Unité de Coordination de la lutte Anti-Terrorisme), de la direction générale de la police nationale en 1988. Ses missions se résument par la signification de son sigle Recherche Assistance Intervention Dissuasion. Grâce aux liens qu'entretient l'UCLAT avec les polices étrangères pour la veille terroriste, le RAID devient un groupe opérationnel et efficace au sein de la police nationale. Cette coopération anti-terroriste est renforcée en 1992 par le traité de Maastricht, et la création d'EUROPOL. La devise du RAID est très simple « Servir sans faillir ».

C'est au milieu des années 1980 que le RAID se rend indispensable pour renforcer le GIGN. Les actions terroristes connaissent une recrudescence accrue, et pour traiter ce genre d'affaires, il faut des professionnels très entraînés. C'est une force capable de prendre le relais dans une enquête difficile avec prise d'otages sans mettre en danger la vie des enquêteurs qui interviennent avant la création du groupe. Les policiers ne sont pas toujours entraînés à gérer des situations compliquées. Il est important que ces hommes, passant le plus clair de leur temps à se préparer à tout type d'attaque, puissent prendre le relais, le moment venu, sans dénigrer le travail déjà fait, d'où l'un des termes de leur sigle : l'assistance. Ces hommes peuvent également prendre en charge la protection dans des situations exceptionnelles et venir en aide au SPHP (Service de Protection des Hautes Personnalités). Tout comme prodiguer des conseils à des équipes de policiers avant de procéder à une arrestation difficile. Parfois appelés simplement en couverture, ils savent se faire discrets et n'interviennent que lorsqu'ils en ont reçu l'ordre.

Pour ce groupe, il fallait trouver un lieu d'habitation assez grand pour l'entraînement, afin d'imaginer des infrastructures proches de la réalité. C'est à Bièvres dans l'Essonne que le RAID s'installe. Ces hommes partagent les bâtiments de Bel Air avec une Compagnie Républicaine de Sécurité (CRS) déjà présente. La cohabitation se passe très bien. Par la suite, naturellement, plusieurs bâtiments sont construits afin de permettre différents exercices indispensables à l'entraînement.

Le RAID gère des situations de crises assez graves comme les prises d'otages, des forcenés retranchés dans des habitations, tout comme les arrestations difficiles de malfaiteurs réputés à haut risque. Ses missions très hétéroclites, complétées par les missions anti terroristes, leur assurent des journées bien remplies en plus du volet important de la recherche et de l'observation des groupes ou individus qui sont susceptibles de commettre des attentats sur le territoire français.

L'emblème de la panthère choisi pour le blason permet de donner une indication sur la teneur des actions. Silencieuse dans l'approche mais efficace dans l'attaque. Les hommes qui composent le RAID sont cagoulés, non pas parce qu'ils ont honte de leur métier, mais c'est le seul gage pour garantir, ainsi qu'à leur famille, la sécurité ou éviter les représailles dans le cadre de leurs missions.

Ce service, composé d'une centaine d'hommes, a une compétence sur tout le territoire national. Ils sont doués d'une intelligence, d'un sang-froid à toute épreuve. La connaissance qu'ils ont acquise sur le terrain pendant plusieurs années avant de rejoindre le RAID en font également des policiers bien entraînés qui continuent régulièrement de parfaire leur entraînement, multipliant les situations au travers des différentes simulations faites pour faire face à tout cas de figure.

Ils sont entraînés aux sports de combats aussi bien qu'au tir ou au maniement des explosifs. L'électronique, l'informatique ou la recherche ne sont pas en reste. Les techniques de pointe doivent systématiquement être étudiées par ces policiers hors normes. On ne sait jamais à qui on peut avoir à faire, il est prudent de se préparer à toute éventualité. Certains escrocs ou meurtriers sont très intelligents, il faut donc essayer de l'être plus qu'eux pour pouvoir mettre fin à leurs agissements.

Ces hommes ne se considèrent pas comme des héros, même si dans certaines situations, on les a catalogués ainsi. Ils ne sont guidés que par la motivation et la volonté de leur engagement civique. La discrétion est cultivée comme un art de vivre et la solidarité à toute épreuve comme dans une équipe sportive. Juste là pour effectuer le travail avec professionnalisme et repartir sur la pointe des pieds, ce sont ces atouts qui leur permettent lors des opérations, dans la majeure partie des cas, d'éviter le sang de couler.

Ils assurent également la surveillance des sommets internationaux. Présents sur les toits, dans les égouts, cachés dans les immeubles, à bord d'hélicoptères ou de zodiac, ils sont toujours prêts à veiller et protéger. Une petite précision importante, les policiers du RAID suivent les mêmes règles que tous les policiers français et doivent suivre par exemple les mêmes règles d'ouverture de feu en cas de problème ; ce ne sont pas des cow-boys comme les voient les médias, mais des hommes ne touchant aucune prime de risque et ayant le goût de l'intervention. Ces hommes sont au service du citoyen comme tous les policiers de France.

Comme tout groupe d'élite, ils ont leurs détracteurs, mais que dire lorsqu'une situation particulière doit être résolue par des gens extraordinaire ? Que ce soit dans une maternelle de Neuilly ou un appartement de Toulouse !

Le 19 décembre 1985 a lieu la première intervention du RAID. Une prise d'otages au palais de Justice de Nantes. Ce jour-là, deux hommes comparaissent devant les tribunaux pour de nombreux vols à main armée. Il s'agit de Georges Courtois et de Patrick Thiolet. Pendant le procès, un troisième complice présent dans la salle menace l'assemblée avec une grenade et un pistolet. Le RAID est alors envoyé sur place, et deux commissaires entament les négociations qui dureront 34 heures. Après avoir libéré la plupart des otages, les 3 complices s'enfuient en voiture. Ils seront rattrapés par les policiers du RAID à l'aéroport de Château Bougon, où ils acceptent de se rendre. Cette première opération est un succès, car personne n'est blessé.

Deux ans plus tard, en février 1987, le RAID est envoyé en intervention afin d'interpeller quatre membres d'un groupe d'extrême gauche nommé « Action directe ». Ils sont retranchés dans une ferme située près d'Orléans. Les malfaiteurs sont discrètement surveillés pendant plusieurs jours par les membres de l'unité, avant d'être interpellés. Lors de l'assaut, 28 policiers du RAID s'engouffrent dans la maison à l'aide de masses pour casser les portes et les fenêtres avant d'arrêter les principaux membres du groupe. Sur place, ils retrouvent des armes et une grosse quantité d'explosifs.

En mai 1993, un homme entre dans une école maternelle de Neuilly-sur-Seine. Il prend une classe en otage armé de bâtons d'explosifs. Cette affaire monopolise l'attention de tous les médias. L'homme se fait appeler Human Bomb, il s'agit en réalité d'Éric Schmitt. Après deux jours de négociations, les agents du RAID parviennent à entrer dans la salle pendant que le preneur d'otages s'est endormi. L'homme est abattu par un policier avant qu'il ne puisse atteindre son détonateur.

C'est en mars 1996 que le RAID interpelle les membres du gang de Roubaix dans la maison où ils sont cachés. Des charges explosives sont utilisées pour faire sauter les portes et les fenêtres. Les terroristes lourdement armés répliquent en tirant sur les membres du RAID. Lors de cette intervention, deux policiers sont gravement blessés.

L'arrestation d'Yvan Colonna, auteur du meurtre du préfet Claude Erignac, a eu lieu en juillet 2003. Elle a été réalisée par le RAID et menée par le commissaire divisionnaire Christian Lambert. Le malfaiteur est arrêté en Corse, dans une bergerie.

Le RAID est également intervenu lors des actes terroristes les plus récents qui ont eu lieu en France. En mars 2012, c'est le chef du RAID Amaury de Hauteclocque qui lance l'assaut contre le terroriste Mohammed Merah. Celui-ci est retranché dans son appartement de Toulouse. Il est tué au cours de l'intervention.

En janvier 2015, ce sont les membres de cette unité, ainsi que ceux de la BRI, qui pénètrent dans l'Hyper Cacher, situé Porte de Vincennes pour libérer les otages. Le terroriste est abattu au moment de l'assaut.

En 2019, les policiers du RAID interviennent au centre pénitentiaire d'Alençon-Condé après qu'un détenu radicalisé et sa femme aient attaqué des surveillants au couteau. Au cours de l'assaut, la femme est gravement blessée lorsqu'elle se jette sur les policiers. Elle décédera de la suite de ses blessures à l'hôpital. L'homme est maîtrisé par les hommes du RAID.

Inspection Générale Police Nationale

Un pays qui désire garantir les règles établies au bénéfice de ses citoyens, doit lui-même veiller au respect de la loi par ses propres services. C'est ainsi que pendant la troisième République (de septembre 1870 à juillet 1940), sous la présidence de Jules Grévy, l'Inspection Générale de la Police Nationale (IGPN) est créée en décembre 1884.

Les débuts sont plutôt timides, l'inspection ne dispose que de deux commissaires spéciaux qui, par leurs contrôles, doivent rendre compte au directeur de la Sûreté Générale. Ce service pourtant est réputé comme un service d'élite qui va continuer au fil des années et des volontés politiques de grandir, étoffant les missions par de nouvelles attributions. On sort du cadre strict de la police car, en août 1899, c'est un contrôleur général des services extérieurs qui est chargé de surveiller tous les agents des différentes administrations publiques.

A partir du 18 février 1906, un nouveau président de la République, Armand Fallières, entre à l'Elysée. N'oublions pas qu'à l'époque, une fois le candidat déclaré, il était désigné par le Parlement sans être élu au suffrage universel direct par les citoyens. Le 14 mars 1906 c'est Georges Clémenceau qui est nommé au ministère de l'Intérieur. Il devient ami avec le préfet de police Lépine et conduit d'importantes réformes de la police. Clémenceau soutient la création de la police scientifique par Alphonse Bertillon, connu pour être l'un des experts, discuté pour ne pas dire critiqué, dans « l'affaire Dreyfus » qui divise les Français. Le ministre modernise la police avec ses brigades régionales auxquelles on attribue le sobriquet de « Brigades du Tigre », surnom donné à Clémenceau.

A la tête de la sûreté générale, c'est Célestin Hennion qui met en place plusieurs fichiers, celui des récidivistes, qui va devenir, avec Bertillon, le fameux « casier judiciaire ». Hennion va créer également un service d'archives qui va aider considérablement les services de police au fil des années. Les brigades régionales durant ce temps, sont surtout chargées de recenser les « nomades ».

Un projet de loi du 25 novembre 1908 sur « la réglementation de la circulation des nomades » va aboutir avec la loi votée le 16 juillet 1912 « sur le port du carnet anthropométrique d'identité » il recense les empreintes digitales et les différentes caractéristiques anthropométriques. Cet ancêtre de notre Carte Nationale d'Identité (CNI) ne s'applique pour le moment qu'aux « Tsiganes » (un peuple originaire de l'Inde, présent en Europe depuis le début des temps modernes et menant une existence nomade).

L'Inspection Générale des Services (IGS) est quant à elle plus ancienne, puisque c'est en 1854 qu'elle a été créée. Toutefois ses compétences n'étaient pas les mêmes à l'époque. En effet, cette inspection ne gérait que la préfecture de Paris et le Secrétariat Général pour l'Administration de Police (SGAP). Sur le territoire cela représente les départements de « la petite couronne » comme les Hauts-de-Seine, la Seine-Saint-Denis, le Val-de-Marne et plus tard les aéroports de Paris tels qu'Orly et Roissy. L'IGS a son siège rue Hénard, située dans le 12ème arrondissement de Paris.

Il faut attendre 1907 pour que Georges Clémenceau créé un conseil d'enquête compétent pour gérer les questions disciplinaires. Le temps semble long et la première guerre mondiale vient donner un coup de frein au projet qui ne sera confié qu'en décembre 1918 à deux policiers réputés de haut rang et très expérimentés. Leurs missions délicates sont avant tout de renseignement. Petit à petit, l'IGS a dans son collimateur la brigade mondaine de Paris qui travaille avec beaucoup de voyous et d'indics, quand ce ne sont pas les mêmes individus à la fois. La tentation est grande de céder à la facilité de l'argent proposé par de grands bandits du milieu qui échappent ainsi à la justice.

Alors que l'IGS est rattachée au préfet de police de Paris jusqu'en 2012, elle croule sous les dossiers, tandis que l'IGPN, qui dépend du ministère de l'intérieur, ne traite que très peu de dossiers disciplinaires. Il faut dire que la tâche de l'IGS n'est pas simplifiée par la Police Judiciaire (PJ) de Paris qui possède une mauvaise réputation de violence injustifiable. L'une de ses brigades, la Brigade des Agressions et Violences (BAV) est même rattachée à la « Crim ». La BAV s'est illustrée notamment dans la période d'après-guerre dans le tabassage.

Roger Borniche en fait état dans son ouvrage « Flic story ». Plus tard, c'est par la voix d'Alain Delon qu'il s'oppose à l'un de ses collègues sur ces méthodes qu'il désapprouve. Même si le personnage de Borniche est largement critiqué par son ancien patron, le commissaire divisionnaire Charles Chenevier qui en brosse le portrait d'un mythomane. Même si Roger Borniche a bien procédé à l'arrestation d'Emile Buisson, une terreur du banditisme d'après-guerre, il est tout de même utile de rappeler que c'est le commissaire divisionnaire Charles Chenevier qui en est à l'origine. C'est également lui qui a procédé à la célèbre contre-enquête dans l'affaire Gaston Dominici.

Cette brigade surnommé « la brigade couscous » avait été créée dans les années 1950 et s'était installée au 4ème étage du 36 quai des Orfèvres. Elle doit son surnom à la fonction principale qui lui avait été assignée, celle de combattre la criminalité nord-africaine dans les quartiers nord de Paris. Pour l'IGS qu'on aime appeler également « la police des polices », la guerre d'Algérie a surtout été un angle mort sur le sol métropolitain. Il faut dire que la lecture des archives ne plaide pas en leur faveur, on parle surtout d'une période noire. Aucune dignité de certains policiers qui sombraient surtout dans l'esprit de vengeance, même si ce comportement peut aussi s'expliquer en partie par la difficulté de l'époque : durant la période de la guerre d'Algérie, 67 policiers sont abattus, parmi eux 35 étaient rattachés à la seule préfecture de police de Paris.

Des gardiens de la paix étaient exécutés aussi bien sur des passages piétons qu'aux arrêts d'autobus, voire devant les commissariats. Le désir de justice de la part des policiers grandissait au fur et à mesure que leurs collègues tombaient. Mais le métier de flic a ses exigences et le directeur de la Police Judiciaire parisienne de l'époque (PJ), Max Fernet le rappelle à ses hommes : « Ne faites que de la procédure, oubliez vos sentiments, vos convictions. Ne voyez que le côté pénal de leurs actes. Ou ils ont enfreint le Code et vous effectuez votre travail, ou il n'y a pas de motif d'inculpation et vous les relâchez. » Martelant cette terrible vérité si présente dans les dossiers criminels : « Vous n'êtes que les collaborateurs du juge d'instruction, c'est lui qui décide ! »

Dans l'esprit du public, l'IGS à laquelle on a attribué le sobriquet de « bœufs-carottes » reste le service qui aime faire « mitonner » lentement le ripou (flic pourri en verlan). Beaucoup de personnes pensent qu'il ne faut pas faire confiance à la police. La preuve pour eux, c'est qu'elle-même a besoin d'un service pour la sanctionner en cas de dérives. Même l'humoriste Coluche en a fait état dans son sketch « le flic ». « C'est t'ingrat la police, parce que par exemple... parce que j'vois, parce que les gens y nous aiment pas ! C'est con ! Parce que nous on est là pour les protéger hein ? Vous avez remarqué les gens ? Plus y a de flics autour d'eux, plus y z'ont peur !... » Il faut dire qu'à une période, même l'IGS a accueilli dans ses rangs quelques « ripoux ». À l'époque, le service servait un peu de dépotoir afin de se débarrasser des personnes qu'on ne voulait plus voir dans les autres services (si on en croit le livre « IGPN » de Frédéric Charpier).

L'IGPN est, quant à elle, issue du corps des contrôleurs généraux. Elle est créée par décret le 20 décembre 1884. À l'origine, sa mission est de surveiller la manière dont les policiers exécutent les lois, les ordonnances et les règlements qui les concernent. Avant la fusion, l'IGPN exerçait cette mission sur l'ensemble du territoire national, à l'exception de la zone de Paris. L'IGPN a souvent été, de son côté, l'île d'Elbe de quelques grands flics qui, pour une raison ou une autre, ont cessé de plaire. Parfois d'ailleurs momentanément. La mise au rancart n'ayant été qu'un purgatoire. Le procédé est même ancien.

On peut citer Lucien Pinault, le patron de la « crim » rendu célèbre par sa supervision dans l'arrestation de Marcel Petiot. Pourtant, jusqu'en mai 1941, ce fût aussi un « bœuf-carottes ». C'était un homme brillant, fils de gendarme qui a fait son entrée dans la police après la première guerre mondiale. Il entre ensuite à l'école des sous-officiers de Saint-Maixent, mais ne plait pas aux chefs du 36 à l'époque ; il est donc muté à l'IGS. Durant la seconde guerre mondiale, il entre dans un réseau de résistants. Il lui faudra attendre la libération pour occuper le bureau du patron de la « crim ». C'est dans son bureau que Marcel Petiot, arrêté le 31 octobre 1944 par les inspecteurs Hillard et Poirier, a confessé ses crimes, assis dans le célèbre fauteuil au velours élimé aux bras en noyer où les truands soulageaient leur conscience.

Le 31 octobre 1986, Charles Pasqua, ministre de l'Intérieur, décide d'opérer une fusion ou plutôt un rapprochement entre l'IGS et l'IGPN. On en profite naturellement pour modifier l'organisation des services. Pour ne pas créer des frictions dès le début du rassemblement des deux services, c'est le chef de l'IGS qui occupe le poste d'adjoint au directeur de l'IGPN, même s'il garde une certaine indépendance.

Un nouveau décret le 28 août 2013 renforce cette fusion, le terme IGS disparaît définitivement. La volonté affichée est de bien faire comprendre que l'IGPN a une compétence nationale comprenant également Paris et sa périphérie. Afin de pouvoir faire adhérer le maximum d'agents à cette nouvelle organisation, on leur demande de réfléchir sur le logo de leur institution. Ce sont eux qui choisissent le décor d'un livre bleu, blanc et rouge en arrière-plan qui représente pour eux les doctrines essentielles de leurs missions, la rigueur et la droiture. D'un côté le code de déontologie, de l'autre le code pénal. Pour ce qui est du sigle, ils ont choisi de le faire apparaître au premier plan. Ce sont avant tout des policiers chargés simplement de surveiller des « collègues » qui pourraient commettre quelques erreurs professionnelles.

L'inspection Générale de la Police Nationale (IGPN) dépend de la Direction Générale de la Police Nationale (DGPN) qui elle-même dépend en direct du ministère de l'Intérieur. Elle est composée de plusieurs services et de huit délégations régionales qui sont situées dans de grandes villes comme Bordeaux, Lille, Lyon, Marseille, Metz, Rennes, Fort de France et Paris (ancien siège de l'IGS). Une précision pour la ville de Nice, c'est là qu'est implanté aussi un second siège de l'inspection générale de la police nationale.

Les missions de l'IGPN se regroupent en trois grandes catégories. Des audits et des contrôles, le plus souvent inopinés, dans les différents services de police sur des thèmes précis. L'un de ces audits avait d'ailleurs été publié sur l'accueil du public dans les différents commissariats. Des études pour tenter d'améliorer le fonctionnement des services. Elle veille à ce que les fonctionnaires de police respectent les lois et règlements, tout comme le code de déontologie. C'est le seul service qui peut également effectuer des enquêtes à la demande des autorités administratives et judiciaires, seules habilitées à les saisir. La « police des polices » peut également être sollicitée par un habitant à la suite d'un dépôt de plainte dans leurs locaux ou encore sur la plateforme internet qui a été créé pour signaler le comportement inadéquat d'un fonctionnaire de police.

L'IGS doit également être là pour les différents collègues de la police nationale. C'est ainsi qu'il existe également une plateforme interne baptisée « signal-discri » pour permettre aux agents de signaler les différentes formes de discriminations, de harcèlements, voire de violences sexuelles ou sexistes au sein de la police nationale. Naturellement tout signalement fait par un collègue garantit la confidentialité jusqu'aux conclusions de l'enquête. Comme dans tout service, il apparaît parfois des dérapages ou des fuites, ce qui a pour effet de créer dans certains commissariats une atmosphère détestable. C'est sans doute pour cette raison que beaucoup de policiers hésitent souvent à les solliciter.

Une croyance populaire laisse à penser que pour gravir les échelons plus facilement, un passage à l'IGPN est recommandé, mais rien ne permet de l'affirmer, même si certaines promotions ont été accordées assez facilement aux policiers qui ont fréquenté l'IGPN ou l'IGS avant leur fusion. Depuis 1999, l'IGPN est également compétente pour assurer des contrôles envers le personnel des Préfectures de police, même si ces personnes ne sont pas directement rattachées à la police nationale. Il en va de même pour la police municipale et leurs agents.

L'IGPN peut également mener des enquêtes administratives à la demande de l'inspection générale qui doit en amont être saisie par le ministre de l'Intérieur, le directeur général de la police nationale, le directeur général de la sécurité intérieure, ou par le préfet de police de Paris. En 2019, cela ne représentait que 13 % de leur travail. Si l'IGPN a la preuve qu'un policier a commis une faute, ce dernier risque des sanctions disciplinaires en interne comme un rappel à la règle, un blâme, une suspension, ou une révocation. La demande de sanction est faite par l'IGPN, mais la hiérarchie du policier a le droit de l'appliquer ou non. Toujours pour l'année 2019, l'Inspection Générale de la Police Nationale a proposé 276 sanctions administratives : dont 117 renvois en conseil de discipline, 80 avertissements et 79 blâmes.

L'Inspection Générale des Services mène aussi des enquêtes sur instruction du procureur de la République, d'un juge d'instruction ou encore d'un président de chambre. Elle est ouverte lorsqu'un fonctionnaire de police commet un délit qui peut aller de la violation du secret professionnel aux injures racistes ou discriminatoires, ou, plus grave, de violences volontaires envers un citoyen, voire un homicide, un vol. Elle dispose de moyens élargis comme des gardes à vue ou de simples auditions. Son rapport est alors transmis au juge d'instruction. Le magistrat reste libre de suivre ou non ses recommandations. Pour ce qui est du volet pénal, il convient de rappeler que le policier poursuivi risque les mêmes sanctions que n'importe quel citoyen, cela peut aller de l'amende à une peine de prison, avec naturellement la circonstance aggravante d'être dépositaire de l'autorité publique. 1 460 enquêtes ont été ainsi réalisées en 2019 comme les violences volontaires (866), vols (89) et violation du secret professionnel (86).

Elle peut mener conjointement des enquêtes administratives et pénales dans les mêmes affaires. Les sanctions en plus d'être pénales seront également internes pouvant aller jusqu'à la révocation ou « démission forcée ». Pour ce faire, dans une même enquête, les deux volets, judiciaires et administratifs, sont menés par des fonctionnaires différents. Pour avoir un ordre d'idée, la police des polices a prononcé au total 1 678 sanctions (administratives et judiciaires) en 2019 dont 39 exclusions définitives, 900 avertissements, et 595 blâmes.

En 2012, c'est l'IGPN qui enquête sur plusieurs agents de la brigade anticriminalité de la division nord de Marseille. Ils sont alors soupçonnés de commettre des vols et des extorsions en bande organisée, mais aussi de détenir et de transporter de manière non autorisée des stupéfiants. Le film « Bac Nord » de Cédric Jimenez sort en 2021. Naturellement des libertés ont été prises avec la réalité des faits, mais reste dans l'esprit du public comme une affaire emblématique des trafics de drogue et du laxisme de l'Etat pour rétablir son « état de droit » dans la ville de Marseille. Une enquête de l'IGPN vivement critiquée.

En 2014, plus de 52 kilos de cocaïne sont volés au 36 Quai des Orfèvres Le principal suspect, Jonathan Guyot, un fonctionnaire de police du service des stupéfiants est alors placé en garde à vue avant d'être interrogé par les policiers de l'IGPN, qui réalisent également une perquisition au sein du bâtiment et analysent les images issues des caméras de vidéosurveillance. C'est ce qui a conduit à l'audition. Le 17 mars 2017, le tribunal correctionnel le condamne à 10 ans de prison, la peine maximale alors que le suspect a toujours nié les faits. A l'époque le président du tribunal avait souligné la « gravité » des faits, car l'agent était chargé de lutter contre le trafic de stupéfiants.

Les membres de l'IGPN possèdent le même équipement et le même armement que les autres policiers de leur corps d'appartenance. Que ce soit l'IGS désormais disparu ou l'IGPN, le nom de « bœuf-carottes » reste dans les esprits. Les policiers et fonctionnaires acceptent d'avoir un service qui surveille leur travail car ils n'admettent pas les dérives crapuleuses qui peuvent intervenir au sein de leur propre maison.

Mais ils redoutent aussi l'intervention de l'IGPN dont l'état d'esprit est souvent détaché de la réalité du terrain. C'est d'ailleurs, chez de nombreux policiers, le reproche qui revient le plus souvent contre l'IGPN. Nombreux sont les flics qui racontent des histoires dans lesquelles leurs collègues « bœufs-carottes » se sont montrés exagérément durs, refusant de prendre en compte les difficultés du métier de plus en plus présentes.

CRIMINOLOGIE Débats & réflexions

La police scientifique

La Police Technique et Scientifique (PTS) continue de s'améliorer au fur et à mesure des années. Alors qu'autrefois, des aveux ou des témoignages permettaient de conclure une enquête et d'étayer un procès, désormais c'est monnaie courante pour les magistrats de faire appel aux techniques de cette police pour le moins particulière. Pour les affaires les plus graves son intervention est systématique.

Les progrès scientifiques sont considérables, du domaine de la fiction dans le passé. Aujourd'hui les experts peuvent révéler des traces de sang effacées, identifier un criminel grâce à une trace d'oreille ou encore dater la mort d'une victime en utilisant des insectes nécrophages. Les fibres capillaires permettent également de confondre un suspect plus de vingt ans après les faits. Tandis que la criminologie étudie le phénomène criminel, la police technique et scientifique vise surtout à obtenir la preuve matérielle du crime. Tandis que le premier essaie de le comprendre le second va le démontrer.

Les premières années de la création de cette police étaient surtout axées sur les crimes. Au fil des années et surtout à partir de 1995 avec la création de la police scientifique de proximité, les fonctionnaires de « police secours » peuvent réaliser les premiers actes de police scientifique sur des thèmes de petite et moyenne délinquance, comme les vols ou encore les dégradations.

Leurs prélèvements et analyses peuvent accabler un auteur ou au contraire disculper un suspect. Pour cette raison, au même titre qu'un magistrat instructeur, les scientifiques de la police travaillent à charge et à décharge. Les nouvelles technologies de l'information et de la communication sont en constante évolution. Les avancées technologiques et les mutations qui auront lieu dans les prochaines années ne manqueront pas d'enrichir voire de redéfinir les missions des policiers scientifiques.

Les missions de ces policiers sont multiples. D'abord sur le terrain pour relever et conditionner les traces et en faire des constations techniques, ensuite en laboratoire où les services de l'identité judiciaire répondent aux réquisitions des enquêteurs et magistrats. Enfin gérer et développer les nombreux fichiers logiciels utilisés par les services d'enquête.

C'est en 1910 à Lyon que le premier laboratoire scientifique est créé par les travaux de deux pionniers, Francis Galton et Edmond Locard. Ils font suite à la création du signalement anthropométrique et les empreintes digitales développés par Alphonse Bertillon malgré ses premières réticences. Par une loi du 31 août 1832, la France abolit le marquage au fer rouge des délinquants. A partir de cette date, les services de police vont avoir de plus en plus de mal à identifier les récidivistes. Dans les années 1840, la photographie signalétique va faire son apparition. Les clichés des délinquants sont ensuite ajoutés à leur fiche signalétique.

Au 19ème siècle la science est exclue des enquêtes et n'est sollicitée qu'avec des experts privés comme des armuriers, des médecins ou des chimistes. Deux révolutions de tailles vont permettre l'avancée de la police scientifique. D'abord ceux d'un médecin français Mathieu-Joseph-Bonaventure Orfila qui écrit le premier traité de toxicologie et en 1856 le français Louis François Etienne Bergeret qui réussit à dater la mort d'un individu grâce à l'avancement des larves contenues dans un corps. Cette science deviendra l'entomologie. Par arrêté préfectoral du 16 septembre 1878, le laboratoire central de la

Préfecture de Police de Paris est créé. En 1881, la première salle d'autopsie de Paris est inaugurée. Peu à peu, un apport systématique de la science dans les enquêtes criminelles est envisagé. Dans cette lignée, le scientifique Rudolph Archibald Reiss créera la première école de police scientifique du monde, en 1909, à Lausanne.

Le 24 janvier 1910, un jeune professeur, Edmond Locard crée le premier laboratoire de police scientifique Français. Il possède un savoir encyclopédique sur l'anatomie, la psychologie, l'ethnologie. Ces nombreuses connaissances vont être mises à profit dans de nombreux domaines entre 1931 et 1940 ; sa publication du « traité de Criminalistique » en sept volumes fait encore référence dans le domaine. D'autres régions vont s'inspirer de ce laboratoire, et des services vont s'ouvrir à Marseille en 1927, Lille en 1932 et Toulouse en 1938.

C'est la loi du 27 novembre 1943 qui institue en France, officiellement, un service de police technique relevant de la Direction Générale de la Police Nationale (DGPN). Ce service doit rechercher et utiliser toutes méthodes scientifiques propres à l'identification des délinquants. Des services locaux et régionaux sont créés. Les quatre laboratoires sont rattachés à cette direction et un organisme central est chargé de contrôler l'activité des services locaux comme la coordination entre les services et les laboratoires, le classement et les mises à jour des fiches signalétiques des services de l'identité judiciaire. Cette loi sera abrogée le 15 novembre 2001 avec la création de l'Institut National de la Police Scientifique (INPS).

Dans les années 1950, le portrait-robot fait son apparition. De manière artisanale, au début avec des morceaux de photos découpées aux ciseaux sur trois bandes pour les cheveux et front, les yeux et le nez et la bouche et le menton. En mélangeant les plaques on pouvait ainsi obtenir le visage d'un suspect potentiel. C'est également lors de ces années qu'on assiste à la création du Fichier des Recherches Criminelles (FRC), l'ancêtre du Système de Traitement des Infractions Constatées (STIC) qui enregistre des données à partir des plaintes et des investigations judiciaires.

La Sous-Direction de la Police Technique (SDPTS) est créée par décret le 8 mars 1985. Elle regroupe les laboratoires, les services d'identité judiciaire, les services de documentation, de diffusion et de recherches criminelles. Des moyens considérables sont donnés pour son développement. Du matériel très haut de gamme est fourni aux laboratoires comme des microscopes électroniques à balayage. La plus grande avancée est la création, par le décret du 8 avril 1987 du Fichier Automatisé des Empreintes Digitales. Enfin, des scientifiques sont recrutés et les premiers « techniciens de scène de crime » apparaissent. Le décret du 19 février 1992 intègre définitivement ces scientifiques dans la fonction publique. A partir des années 1970, la gendarmerie se perfectionne et renforce sa position dans le domaine de la police technique et scientifique. En 1984, le système informatique « JUDEX » prend forme. Cet outil informatique, proche du STIC, permet de recueillir, gérer et rapprocher des données judiciaires. En 1985, après le désastre de l'affaire Grégory, la gendarmerie prend conscience de ses lacunes dans le domaine de la police technique et scientifique.

En 1990, l'arme ouvre à Rosny-sous-Bois l'Institut de Recherche Criminelle de la Gendarmerie Nationale (IRCGN). Cet institut équipé de technologie de pointe étudie tous les domaines de la criminalistique. L'IRCGN reçoit vite une forte reconnaissance, d'autant plus que cet institut dispose de moyens nécessaires pour poursuivre et développer des recherches en criminalistique. De nombreux Techniciens d'Investigations Criminelles (TIC) vont être spécialement formés. La police et la gendarmerie conjuguent aujourd'hui leurs efforts pour optimiser le fonctionnement de la police technique et scientifique. Les fichiers STIC et JUDEX vont être regroupés en un seul fichier « d'Application de Rapprochement, d'Identification et d'Analyse pour les Enquêteurs » (ARIANE) et les fichiers d'empreintes digitales et génétiques sont communs.

Un nouveau moyen d'identification révolutionnaire va se développer dans les années 1980 : le profil génétique obtenu à partir de la molécule d'ADN. En France, le Fichier National Automatisé des Empreintes Génétiques (FNAEG) est créé par la loi du 17 juin 1998. Les évolutions législatives vont permettre d'étendre considérablement le champ d'application de ce fichier et d'enregistrer les profils génétiques des personnes condamnées mais aussi des personnes mises en cause pour quasiment tous les crimes et délits d'atteintes aux biens et aux personnes.

Il est évident qu'une trace ne pourra jamais démontrer la culpabilité d'un suspect et il ne faut pas confondre le rôle du juge avec celui de l'expert. Cependant, les enquêteurs s'appuient de plus en plus sur les expertises. Le nombre de dossiers traités par les laboratoires de police scientifique en 2009 était de 226 000 alors qu'il y a une vingtaine d'années celle-ci était réservée aux affaires criminelles les plus graves.

Kidnapping, menaces de mort, appels malveillants, fausse alerte à la bombe ou revendication d'attentats terroristes, un nombre croissant de cas délictuels ou criminels impliquent l'étude des documents sonores. Les investigateurs comptent de plus en plus sur les experts pour en identifier l'auteur. Mais une voix est-elle unique ? Peut-on identifier formellement un locuteur ?

Les réponses à ces questions sont complexes. D'une part, à l'inverse d'une empreinte digitale ou d'un profil génétique qui présentent des caractéristiques fixes, la voix d'une personne varie en fonction de nombreux facteurs « internes ». Par exemple, la voix change avec la fatigue, la maladie, la rapidité et la force du discours ou encore par la volonté de l'auteur de déguiser sa voix. D'autre part, la voix peut être plus ou moins perturbée par des facteurs externes, comme les bruits de fond, le type ou la qualité d'un enregistrement.

Un expert doit comparer des enregistrements réalisés sur des téléphones, des cassettes, des CD, des DVD ou encore sur des supports numériques. Ces enregistrements exercent une influence sur la retranscription de la voix, et la difficulté de l'expertise n'en est que plus grande. Un enregistrement vocal contiendra deux types d'informations principales à analyser : des informations auditives relatives au contenu et à la phonétique du message et des informations acoustiques propres au signal vocal.

Pour cette raison, le terme « d'empreinte vocale » n'est pas adapté. De plus, l'enregistrement d'une voix n'est pas un prélèvement direct sur le corps humain comme une empreinte digitale ou génétique. Or, en criminalistique on parle d'empreinte pour un prélèvement direct sur un individu ou un objet et de trace pour un prélèvement indirect sur les lieux d'infraction. L'enregistrement de la voix d'un individu est la capture indirecte de la parole créée par des mouvements articulatoires complexes. La voix d'un individu est toutefois considérée comme unique. L'identification d'une voix n'en reste pas moins difficile et dépendante de la qualité des enregistrements.

Le corps humain présente plusieurs zones où se trouvent des crêtes papillaires : la paume des mains, les doigts ou la plante des pieds. Ces crêtes papillaires sont en relief sur la peau et peuvent laisser des marques sur des supports. On parle de traces ou d'empreintes, deux termes qui n'ont pas la même signification pour les professionnels de la police scientifique. La trace est la marque, visible ou invisible, laissée par les crêtes papillaires sur un support. Lorsqu'un malfaiteur manipule un objet sur les lieux d'un délit ou d'un crime, il peut laisser des traces digitales (doigts) ou palmaires (paumes).

L'empreinte est le résultat de l'apposition complète des crêtes papillaires après encrage de celles-ci. Les empreintes d'un délinquant sont prélevées lors des opérations de signalisation effectuées dans les locaux de police. Il est admis que nous possédons tous des empreintes digitales différentes et que la variété des dessins est immense. Pour une population mondiale de 6,9 milliards, cela fait 69 milliards d'empreintes digitales différentes. Cependant, les empreintes peuvent être décrites, triées ou identifiées à l'aide de leur dessin général et de certaines particularités : on parle de lophoscopie. Le Fichier Automatisé des Empreintes Digitales (FAED) a été créé officiellement par le décret du 8 avril 1987. Ce fichier doit permettre le traitement automatisé des traces et des empreintes digitales par les services de police et de gendarmerie. La finalité de ce fichier est de détecter les usurpations d'identité sur le territoire national et d'identifier les traces digitales relevées sur des scènes d'infraction en optimisant le délai de traitement.

Les empreintes digitales et palmaires sont conservées 25 ans alors que les traces révélées sur les lieux d'infraction sont conservées durant la durée de la prescription soit 6 ans pour les délits et 20 ans pour les crimes depuis la loi du 27 février 2017. Les empreintes prélevées lors d'une signalisation peuvent être effacées à la demande de l'intéressé, lorsque leur conservation n'apparaît plus nécessaire compte tenu de la finalité du fichier. La demande doit se faire au Procureur de la République de la juridiction dans laquelle le mis en cause a été signalisé. En août 2011, le nombre d'individus enregistrés dans la base est passé à plus de 4 millions. Ce fichier permet actuellement la résolution de plus de 1000 affaires par mois. Une importante progression du nombre d'identifications a été observée depuis la mise en œuvre de la version « métamorpho » du FAED. Jusqu'à fin 2009, le FAED permettait la résolution d'environ 8000 affaires par an. En 2010, plus de 13 000 affaires ont été résolues grâce à cet outil.

L'expertise en écriture est un domaine sensible du fait de son lourd passé et des erreurs judiciaires qui ont pu être commises. L'échec le plus retentissant est sans doute celui commis par Bertillon dans l'affaire Dreyfus. Après cette affaire, les juges, les avocats et l'opinion publique resteront méfiants. Mais l'expertise en écriture reste un domaine incontournable de la police technique et scientifique qui a été utilisé avec plus ou moins de succès dans de grandes affaires (tueur du zodiaque, enlèvement du baron Hauptmann, affaire Grégory, affaire Seznec...)

Aujourd'hui, une grande majorité des expertises en écriture s'appuie sur des bases solides. Malgré ces évolutions, les expertises en écriture gardent des limites importantes. Pour éviter les erreurs, les experts doivent parfois rester prudents et mesurés dans leurs conclusions. L'expertise en écriture peut être utilisée dans le domaine civil ou pénal et elle peut être sollicitée par un juge, un avocat, un enquêteur, un notaire, une société ou même un particulier.

L'expertise en écriture est souvent confondue avec la graphologie. Il s'agit de deux spécialités bien différentes. Le graphologue étudie l'écriture d'une personne afin d'établir son profil psychologique alors que l'expert en écriture compare plusieurs écrits et cherche à identifier un écrit litigieux. L'expertise en écriture ne se réduit pas à de simples comparaisons en écriture mais comprend aussi l'expertise matérielle du document.

En résumé la Police Technique et Scientifique dispose aujourd'hui de moyens humains et logistiques importants pour aider les enquêteurs dans les investigations. Il y a fort à parier que les nouvelles technologies en feront naître d'autres pour participer à la recherche de la vérité. Pourrons-nous, dans quelques années, se dire que le crime parfait n'existe plus ?......

En attendant les scientifiques qui sont des policiers à part entière ont réussi à passionner le public, il n'est pas rare dans des films policiers de constater qu'une part importante leur est consacrée. Au point même que des séries entières leur ont été attribuées comme « les experts » ou encore « RIS police scientifique », « Dexter » même si cette dernière s'appuie sur les agissements d'un tueur en série.

L'autopsie

L'autopsie médico-légale est effectuée par un médecin-légiste. Elle permet d'identifier un cadavre ou de rechercher la cause d'une mort suspecte, son origine accidentelle ou criminelle. Ce type d'autopsie permet la détermination des circonstances et des causes de la mort (indice de mort violente ou provoquée telle qu'une noyade, une strangulation, un étouffement, etc..). Elle recherche également des traces de viol, d'alcoolisation, d'intoxications diverses. L'autopsie médico-légale est une autopsie exigée par une autorité judiciaire, le plus souvent un magistrat du parquet ou un juge d'instruction. Quelquefois, il s'agit d'une juridiction de jugement. L'autopsie médico-légale se fait selon l'appréciation du médecin légiste mais sous le contrôle d'un magistrat ou de la juridiction qui l'a ordonnée. Il est quelquefois demandé aux praticiens chargés de l'autopsie d'effectuer des recherches particulières jugées utiles ou encore de ne pas en faire d'autres. Ce type d'autopsie doit être complet, ne laisser de côté aucune partie du corps susceptible d'être examinée. D'autre part, elle permet également d'effectuer des prélèvements qui seront analysés (histologie, biologie, toxicologie).

Le cadavre arrive à l'Institut médico-légal (IML) dans une housse. Le corps est radiographié dans la housse, ceci afin d'éviter qu'une manipulation (pour le transporter sur la table, par exemple) risque d'endommager ou d'égarer un indice. Le corps est alors sorti de la housse. Toutes ses caractéristiques physiques sont relevées : poids, taille, sexe, appartenance ethnique, âge approximatif, couleur des yeux, couleur et nature des cheveux, vêtements, présence d'éventuelles marques (tatouage, cicatrice, marque de naissance, etc.), relevé d'empreintes digitales, écouvillons des différentes cavités naturelles (notamment afin de vérifier l'éventualité d'un viol), etc. Une fois les vêtements retirés, les blessures sont analysées.

L'autopsie médico-légale commence par l'examen externe du corps à la recherche de lésions. Les orifices naturels sont également examinés. Les incisions de la peau, appelées « crevées », sont effectuées à travers le derme (couche profonde de la peau). Elles permettent la recherche d'ecchymoses (collections de sang) profondes. Les différentes cavités du cadavre (le thorax, l'abdomen et le bassin) sont ouvertes et inspectées. Les viscères sont toujours prélevés et examinés macroscopiquement (à faible grossissement). D'autres organes du cadavre sont également observés, c'est le cas en particulier du pharynx et du larynx. Puis l'encéphale (contenu de la boîte crânienne) est prélevé après trépanation (ouverture de la boîte crânienne, plus précisément de la calotte crânienne). Différents prélèvements (sang, urines, contenu de l'estomac, bile, intestin, phanères, muscles, peau, os, etc...) sont quelquefois effectués. Une autopsie « normale » dure une à deux heures. En revanche, lorsque le légiste tente de confirmer un doute quant à l'origine criminelle d'un décès, elle peut être beaucoup plus longue (cinq à six heures).

L'autopsie débute toujours par un examen visuel et externe du cadavre, au cours duquel le médecin légiste recherche et décrit les blessures, les traces de sang, de sperme etc.... Cet examen corporel est complété par une dissection puis une analyse de l'ensemble des organes - cœur, foie, estomac... Il s'agit de recueillir un maximum de données afin de déterminer avec précision les causes du décès. En premier lieu, le médecin légiste observe les parties externes du cadavre : coups, ecchymoses, griffes, ongles... Puis le médecin légiste observe la rigidité du cadavre. Cette rigidité est liée à l'acidité qui augmente dans les tissus. Ensuite, le médecin prend la température du corps. En effet, le corps se refroidie d'environ 1°C par heure à une température ambiante de 20°C.

Il étudie ensuite les lividités, c'est à dire le changement de couleur de peau de la victime. Car quelques minutes après la mort, les vaisseaux sanguins se dilatent et perdent leur étanchéité, le sang s'échappe alors. Par la force gravitationnelle, le sang s'écoule vers les zones les plus basses du cadavre. Rigidité et température ainsi que lividités observées sur le corps permettent d'avoir une fourchette sur l'heure de la mort de la victime et de vérifier les alibis des suspects en cas d'agression.

Au-delà de la recherche sur l'heure de la mort, le médecin légiste doit aussi trouver les circonstances de la mort. Le médecin peut trouver d'éventuels coups sur la victime avec les hématomes, mais aussi la force de la personne voire sa taille. De plus, on peut aussi savoir si l'agresseur est une femme ou non. La victime peut être aussi morte par des armes blanche ou arme a feux.

Si l'examen externe du cadavre ne révèle aucune blessure apparente, le légiste devra ouvrir le corps en quête d'indices, et faire des prélèvements plus importants qu'en temps normal pour découvrir les circonstances de la mort (empoisonnement, hémorragie interne, étouffement, arrêt cardiaque, etc.).

La question des prélèvements est cruciale en médecine légale. Les constations que l'on peut être amené à faire lors de l'examen visuel et la dissection des organes sont systématiquement complétées par des analyses toxicologiques et histologiques à partir des prélèvements réalisés par le médecin légiste. Les premières visent à rechercher la présence de substances toxiques tels que les drogues dans le sang de la victime. Les secondes viennent compléter l'examen à l'œil nu du cadavre et des organes. Ces observations permettent de rechercher et de dater d'éventuelles lésions sur les tissus.

Le médecin légiste réalise également, au cas par cas, selon les situations, des prélèvements destinés à une analyse génétique. Lorsque, au cours de l'examen externe du corps, le médecin légiste observe, par exemple, des traces de sang ou, en cas de suspicion d'agression sexuelle, de sperme, il prélève ces fluides biologiques qui seront secondairement analysés par le laboratoire de police scientifique ou des experts spécialisés en génétique et permettront peut-être de procéder à l'inculpation d'un suspect.

Pour commencer l'autopsie le médecin, ouvre la boite crânienne. Arrive alors la scie, qui permet d'enlever une partie de la voûte crânienne pour accéder au cerveau. L'encéphale est prélevé. Ensuite il pratique une incision du thorax et de l'abdomen. Une incision longue et profonde est pratiquée du menton jusqu'aux organes génitaux de manière à laisser apparaitre la cage thoracique et la cavité abdominale, qui renferment les organes. Les côtes sont ensuite sectionnées afin que le médecin légiste puisse accéder aux principaux organes : le cœur, les poumons, le foie, la rate, le pancréas, l'estomac, les reins et les intestins.

Une fois l'incision terminée, le médecin légiste doit analyser les organes. Chaque organe doit être disséqué, même le gros intestin, long de 7 mètres. Pour finir, une fois l'examen terminée, le médecin doit replacer les organes dans leur cavité d'origine. Les ouvertures sont recousues. La France oblige les médecins légistes à remettre un corps décent aux familles pour les funérailles.

L'autopsie, qu'elle soit médico-légale ou scientifique, respecte-t-elle la dépouille mortelle, l'être humain personne de volonté, exprimée ou non ? Respecte-t-elle la douleur des familles ? Qu'elle ait pour louables intentions l'administration de la preuve (autopsie médico-légale), la recherche ou la confirmation du diagnostic de la mort (autopsie scientifique), l'indemnisation de la famille (autopsie sur la demande des assurances), dans quelle mesure l'autopsie peut-elle se prévaloir du respect de la personne humaine ?

L'autopsie à but médical ou scientifique est autorisée dans certains pays (Hongrie, Autriche...) sans qu'il soit nécessaire d'avoir le consentement de la famille, la plupart cependant demandent l'accord des proches. La conservation des tissus post-mortem pose également des problèmes légaux.

En France, l'autopsie médicale effectuée dans un but thérapeutique ou scientifique, nécessite l'absence de refus du défunt, explicitement formulé, ou rapporté par sa famille (article L1232-1 alinéa 2 du Code de la Santé Publique). Si le défunt était un mineur ou un majeur protégé (c'est-à-dire placé sous tutelle ou curatelle), l'accord écrit de chacun des titulaires de l'autorité parentale ou du tuteur (dans le cas du majeur protégé) est requis (article L1232-2 du Code de la Santé publique). Dans tous les cas, « la famille doit être informée des prélèvements effectués ». (Article L1232-1 alinéa 3 du Code de la Santé publique), et les protocoles médicaux doivent être transmis à l'Agence de la biomédecine (article L1232-3 du Code de la Santé publique).

En ce qui concerne la restitution du corps aux proches, les obligations du médecin-légiste diffèrent selon la nature de l'autopsie. S'il s'agit d'une autopsie médicale, le médecin est tenu de s'assurer de la « meilleure restauration possible du corps » avant restitution (article L1232-5 du Code de la Santé Publique). S'il s'agit d'une autopsie judiciaire, aucune disposition légale relative à la restauration et à la restitution du corps n'est en revanche prévue. Certaines dérives ont en conséquence été observées. Le Médiateur de la République, averti de ces problèmes, a demandé au ministère de la Justice de combler ces lacunes juridiques.

United State Secret Service

L'USSS, les services secrets des Etats-Unis n'ont pas été créés, dans un premier temps, pour la sécurité du Président. C'est le 14 avril 1865 que le Président Abraham Lincoln signe cette loi, sans savoir naturellement que dans les heures qui suivent, son assassin va lui ôter la vie.

Le service entre en fonction le 5 juillet 1865 dans la capitale de Washington et a pour mission première de faire cesser la fausse-monnaie. C'est pour cette raison qu'il est rattaché au département du Trésor. Le manque de moyens humains donnés aux Marshals pour enquêter oblige les agents des services secrets à enquêter également sur le terrain aussi bien pour les attaques de banque que les meurtres en tout genre. Il faut l'assassinat du président William McKinley en 1901 pour que le congrès américain demande d'abord de manière informelle que ce soient les services secrets qui assurent une protection présidentielle. Un an plus tard, ils assurent la mission à plein temps. William Craig est le premier agent mort en service lors d'un accident routier avec le fiacre présidentiel.

Au fur et à mesure des années, les missions sont confirmées et amplifiées. Aujourd'hui les deux principales restent la lutte contre la fausse-monnaie et la fraude fiscale ainsi que la sécurité du Président des Etats-Unis. Evolution des technologies oblige, les fraudes électroniques, la fabrication des faux documents d'identité et les accès informatiques ou encore le blanchiment d'argent viennent s'ajouter à ses attributions. La liste des personnalités à protéger quant à elle est définie par la loi.

Surveillance et sécurité du président des Etats Unis, du vice-président, ainsi que de tous les membres susceptibles d'assurer les fonctions dans l'ordre protocolaire. Le premier cercle familial de toutes ces personnes. Les anciens présidents ainsi que leurs conjoints à vie sauf s'ils sont divorcés ou remariés. A cette surveillance, il faut également ajouter la veuve ou le veuf d'un(e) ancien(e) président(e) mort en service ou dans l'année qui a suivi la fin de son mandat pour une période d'un an. En cas de besoin le secrétaire à la sécurité intérieure peut allonger cette durée. Les enfants d'anciens présidents jusqu'à l'âge de 16 ans ou 10 années après le mandat de la présidence, la procédure est la même pour les enfants des vice-présidents ou de leurs conjoints.

Les chefs d'Etats étrangers ou membres du gouvernement d'autres pays bénéficient aussi de cette protection, ainsi que leurs conjoints, lorsqu'ils sont en visite aux Etats-Unis. L'équipe dédiée n'a pas pour vocation de remplacer le service de sécurité de l'hôte politique, mais surtout de le renforcer et également s'assurer qu'aucun attentat ne puisse avoir lieu sur le sol américain. Les principaux candidats à la présidence des Etats Unis et les vice-présidents, ainsi que leurs conjoints respectifs dans les 120 jours précédents l'élection. Naturellement d'autres personnes désignées par l'exécutif peuvent bénéficier également de cette protection. Toutes les personnes proposées à la protection peuvent la refuser à l'exception du Président, de son vice-président et des personnes susceptibles de remplir la tache en cas d'incapacité du président à assumer ses fonctions.

Les services secrets, tout au long de l'année, mènent également des enquêtes sur les menaces reçues contre le Président des Etats-Unis. Le fait de menacer le chef de l'Etat est, en Amérique, un crime fédéral. Ils sont investis à ce titre d'autorisations larges de prospecter et de collecter toutes informations nécessaires afin de mener leurs investigations, aussi bien sur le sol américain qu'auprès de diverses agences gouvernementales. Les services secrets en cas de besoin, apportent également leur aide à la police locale pour résoudre certains crimes.

Au total les services secrets regroupent environ 6 700 personnes dont 4 400 sont des agents assermentés, certains en uniforme et d'autres en agents spéciaux. Ils travaillent dans 136 bureaux à travers le pays et d'autres dans les autres villes du monde, notamment à Montréal, Toronto ou Vancouver, au Canada, ainsi qu'à Lyon en France par le biais d'Interpol. Le tout pour un budget proche des deux milliards de dollars durant l'année 2013, cette même année qui a vu l'arrivée à sa tête d'une femme, Julia Pierson. Les agents en uniforme mènent leur mission de protection sur des postes fixes, en patrouilles à pied, à vélo, à moto ou en voiture. Cette division comprend 3 branches : la branche de la Maison Blanche, la branche des Missions diplomatiques étrangères et la branche de l'Observatoire naval (où se trouve la résidence du Vice-président). A cette équipe se joignent plusieurs unités : anti-snipers, canine de détection d'explosifs, l'équipe de réponse d'urgence, etc...

Ces différentes unités sont le résultat des évolutions et des attaques faites contre les présidents : l'unité anti-snipers, après l'attentat de John Fitzgerald Kennedy, tout comme la protection des prétendants à la présidence après l'assassinat du Sénateur Robert Kennedy le 5 juin 1968. Les procédures de sécurité sont durcies également après le 30 mars 1981 où le président Ronald Reagan est victime d'une tentative de meurtre par John Hinckley.

Ce sont plus de 3 200 agents spéciaux qui travaillent à la protection des personnalités politiques les plus importantes du pays. Ces agents, triés sur le volet et nécessairement citoyens des États-Unis, ont la charge de la protection physique du président mais aussi de la protection de sa communication. Ainsi les évolutions technologiques obligent également ces agents à protéger les réseaux utilisés par les présidents successifs et leurs familles. Il ne faut en aucun cas qu'une photo volée ou une communication secrète se trouve sur les réseaux sociaux tels que Facebook, Twitter (rebaptisé progressivement « X » depuis le 24 juillet 2023) et Instagram pour ne citer que les principaux.

La limousine présidentielle est considérablement modifiée avec l'air du président Barack Obama. Outre son blindage renforcé, elle est équipée d'un émetteur d'alerte portatif dont dispose chacun des membres de la famille. Une équipe est également chargée de récupérer les verres que le Président utilise, afin d'éviter l'utilisation de son ADN ou des informations relatives à sa santé. C'est une véritable armée à chaque déplacement qui accompagne le président des Etats-Unis.

En parallèle de cette organisation destinée à réagir en cas d'urgence, l'USSS travaille aussi à prévenir tous types d'incidents. En relation étroite avec le FBI, les services secrets suivent la piste des groupes extrémistes, comme le KLu Klux Klan, et des individus susceptibles de menacer la vie du président.

Un film traite particulièrement du sujet « Dans la ligne de mire » de Wolfgang Petersen sorti en 1993. Frank Horrigan (Clint Eastwood), agent des services secrets américains, est hanté par le souvenir d'un échec douloureux. Il faisait partie de la brigade chargée de la protection de John Fitzgerald Kennedy. Trente ans plus tard, il est à nouveau appelé à assurer la même protection du président des Etats-Unis qui entre en campagne de réélection. Un homme aux multiples identités Mitch Leary, John Booth ou James Carney (John Malkovich) veut s'en prendre à ce nouveau Président appuyant sur les souvenirs douloureux de l'agent...

Groupe de Sécurité de la Présidence de la République

De tout temps, le Président de la République a toujours été la cible de certains meurtriers ou terroriste qui veulent faire pression sur un pouvoir politique ou exprimer un simple désaccord sur la façon de diriger un pays. L'affaire d'un président assassiné la plus célèbre reste celle de John Fitzgerald Kennedy aux Etats-Unis. En France, Paul Gorguloff pour l'assassinat de Paul Doumer ou Santo Casério pour celui de Sadi Carnot. Plus récemment, un certain Maxime Brunerie a tenté d'assassiner le président Jacques Chirac.

La plupart du temps, les auteurs s'accordent à dire que c'est surtout la fonction qu'ils visent et rarement l'homme, quoique l'on peut exprimer quelques doutes pour l'assassinat de Kennedy. C'est donc pour cette raison que des services spécialisés sont créés pour protéger le représentant de l'Etat et ainsi s'assurer que, non seulement sa vie soit épargnée lors de ses déplacements, mais également l'intégralité du pays. Aux Etats-Unis ce sont les hommes du Président qui s'en occupent, rattachés directement à la Maison Blanche, chez nous en France ce sont les hommes du GSPR (Groupe de Sécurité de la Présidence de la République).

Le GSPR est avant tout une unité d'élite créée par décret n° 83-14 du 5 janvier 1983 qui fait appel à deux forces, celle de la police nationale et celle de la gendarmerie nationale. Sous tutelle du SDLP (Service de la Protection), ses deux missions principales sont distinctes mais complémentaires.

Elle assure la protection immédiate du Président de la République mais aussi, sur le plan personnel, des membres de sa famille. S'ajoute à cette mission la protection également de certaines personnalités comme les anciens présidents, les candidats à la présidence, les conseillers du président, ainsi que la surveillance des diverses résidences républicaines, conjointement avec la garde républicaine, comme le palais de l'Elysée. Outre la surveillance quotidienne, des missions s'ajoutent également lors des déplacements officiels. Des renforts comme les fusiliers-commandos de l'armée de l'air peuvent se joindre à la tâche lors de déplacement sur la mer ou encore l'escadron de transport 60 lors des déplacements en hélicoptère ou en avion.

L'unité, composée majoritairement de gendarmes de l'ancien GIGN à sa création, devient totalement mixte à partir de 1995, le groupe comptant alors 26 membres de la gendarmerie nationale et 26 membres de la Police nationale. Après la tentative d'attentat de Maxime Brunerie le 14 juillet 2002 sur la personne du président Jacques Chirac, les effectifs augmentent et passent à 60 fonctionnaires et militaires (30 gendarmes et 30 policiers, dont 4 femmes). La direction du GSPR est alors également conduite sous l'égide de la parité, par une alternance tous les deux ans entre un lieutenant-colonel de la gendarmerie nationale et un commissaire de la police nationale.

En 2007, sous l'investiture du Président Nicolas Sarkozy, il est décidé de mettre fin à la mixité entre la police et la gendarmerie. C'est ainsi que les 30 gendarmes quittent l'unité pour rejoindre, pour certains le GIGN. Ce sont des policiers appartenant au SPHP (Service de Protection des Hautes Personnalités) qui les remplacent et des membres de la plus récente formation, le RAID, (Recherche Assistance Intervention Dissuasion) de la police nationale. Un décret paru au journal officiel du 18 décembre 2008 abroge du coup le décret du 5 janvier 1983 sur la création de l'unité. Désormais le GSPR est rattaché au SPHP. C'est l'investiture de François Hollande en 2012 qui voit le retour des gendarmes au sein du GSPR. Le changement ne s'arrête pas là. Pour la première fois depuis sa création, l'unité est dirigée par une femme commissaire Sophie Hatt.

Les membres qui veulent entrer au GSPR, qu'ils soient policiers ou gendarmes, doivent avoir une expérience minimum de cinq années de service actif. Ils doivent être âgés de moins de 32 ans. Dès que les formalités médicales et physiques sont effectuées, ils doivent subir une formation très poussée dans la protection rapprochée, complétée également par une formation de troupe aéroportée. Outre le maniement des armes, le combat à mains nues, ils doivent avoir une forme physique à toute épreuve pour avoir les capacités à maîtriser un ou plusieurs individus, voire calmer une foule en liesse.

Le GSPR intervient aussi bien en mode public qu'en mode privé, mais également en mode intime. Le président de la 5ème république est la clé de voute du système. C'est à ce titre qu'il est protégé en permanence quel que soit le mode de transport. L'unité est composée de trois équipes qui comme le plan Vigipirate sont identifiées par des couleurs. « Rouge » Alerte, « Orange » en réserve, « verte » en repos ou à l'entraînement. 15 hommes et femmes se relaient jour et nuit, 365 jours par an, en France comme à l'étranger. Rien n'est laissé au hasard.

Lors d'un déplacement officiel, c'est le GSPR qui forme le premier cercle de sécurité, au plus proche du président pour ses voyages à pied ou en voiture. Dans sa voiture officielle, surveillée et inspectée en permanence, un chauffeur capable de conduire à une vitesse élevée si nécessaire et un officier de sécurité qu'on appelle « le siège ». C'est ce dernier qui coordonne les déplacements du véhicule entre la moto montée par deux gardes qui roulent à la jonction de la porte du président et de trois autres officiers derrière qu'on appelle « la suiveuse ».

Lorsque le président se déplace à pied, il est précédé ou suivi de gardes du corps dont un surnommé « l'épaule », placé à une dizaine de centimètres. Ce premier cercle est renforcé par d'autres de plus en plus larges composés de policiers et gendarmes qui filtrent les mouvements du public et des passants.

En mode privé (sorties familiales, amicales ou culturelles), l'équipe du GSPR se fait plus discrète mais le président bénéficie toujours d'une protection rapprochée avec son "épaule". La voiture et la moto restent à proximité immédiate de l'immeuble ou du restaurant dans lequel se trouve le président. Dans l'intimité, le dispositif est encore allégé. Mais cette protection tourne souvent au casse-tête pour le GSPR. Quand on demande une surveillance plus allégée, c'est au GSPR d'assurer et non au président de s'y conformer. Toutefois le président de la république n'ignore pas qu'il a une obligation de sécurité vis-à-vis des Français, même dans sa vie la plus « intime »...

Si son format et sa composition ont varié d'un chef de l'État à l'autre, en 2023, l'unité mixte, se compose de 78 personnels, à parité gendarmerie-police : 39 militaires provenant tous du GIGN et 39 fonctionnaires issus du Service de la protection de la police (SDLP), placé sous un commandement tournant.

Les principales armes en dotation dans le service sont des armes de poing : au départ le revolver Manurhin MR 73, ainsi que d'autres modèles comme le Smith & Wesson modèle 60. Dans les années 1990, ces revolvers commencent à être remplacés par des pistolets comme le SIG Sauer P226/228/229, le Glock 17, et le Glock 26 (pour sa taille réduite). Depuis les années 2000, les revolvers ont été totalement remplacés par des pistolets. Le pistolet-mitrailleur suisse B&T MP9 est aussi utilisé par le GSPR pour sa compacité. Des armes de plus gros calibre (Benelli M3 ou M4, Mossberg 870, Molot Vepr), sont également emportées, ainsi que du matériel de protection (valise blindée, mallette en kevlar).

Le 8 juin 2021, Emmanuel Macron est giflé par Damien Tarel lors d'un bain de foule, organisé en marge de la visite d'un lycée hôtelier dans la Drôme. L'homme est condamné à dix-huit mois de prison dont quatre fermes en comparution immédiate le 10 juin 2021. Les faits ont suscité un soutien unanime des responsables politiques. Damien Tarel est sorti de prison le 9 septembre 2021 en déclarant ne pas regretter son geste.

Les images de cette gifle ont alors eu un retentissement considérable, posant notamment la question de la sécurité du Président de la République. L'intervention rapide des hommes et femmes du GSPR a été également filmée, tout comme la gifle qu'un badaud a immédiatement posté sur « Twitter » (devenu X).

Le 23 novembre 2023, le Président Emmanuel Macron décide de rendre hommage et accueillir tous les policiers et gendarmes qui ont appartenu au GSPR pour célébrer les 40 ans. C'est la première fois depuis leur création afin de les remercier et saluer leur engagement. L'événement n'avait pas été rendu public sur l'agenda et non communiqué à la presse. Nicolas Sarkozy était présent, mais pas François Hollande, lui aussi convié. Cinq générations de policiers et gendarmes étaient ensemble, les plus anciens ayant même assuré la protection de François Mitterrand. Le fondateur du « Groupe » le Préfet et ancien gendarme Christian Prouteau n'a pas caché son émotion et sa "joie" de revoir des anciens et sa fierté de ce qu'ils ont vécu ensemble. Visiblement touchés par cette reconnaissance d'Emmanuel Macron, policiers et gendarmes n'ont pas boudé leur plaisir en se faisant photographier dans la cour de l'Élysée à côté des voitures présidentielles qu'ils ont eu l'honneur de protéger depuis 1983. De la voiture blindée de François Mitterrand à celle de Jacques Chirac qui ne souhaitait pas de carrosserie plus épaisse, en terminant par les véhicules plus récents pesant plus de quatre tonnes, avec un lourd blindage, notamment pour les protéger des IED (engins explosifs) …

Justice

CRIMINOLOGIE Débats & réflexions

Les jurés de cour d'assises

Les jurés participent, aux côtés des magistrats professionnels, au jugement des crimes par la cour d'assises (sauf exceptions pour les crimes commis en matière de terrorisme et de trafic de stupéfiants en bande organisée, et sauf expérimentation de cours criminelles sans jury populaire).

La formation du jury d'une cour d'assises se déroule en plusieurs étapes et est prévue par les articles 259 à 267 du code de procédure pénale. Une liste du jury criminel est établie annuellement dans chaque ressort de cour d'assises. Elle comporte un juré pour 1300 habitants avec un minimum de 200 jurés, outre des jurés suppléants. Au mois d'avril de chaque année, le préfet répartit le nombre de jurés entre les communes d'un même département, proportionnellement au tableau officiel de la population, et un arrêté du ministre de la justice fixe le nombre de jurés (entre 50 et 700) devant figurer sur la liste spéciale des jurés suppléants.

Au plus tard le 15 juillet, chaque maire tire au sort, sur les listes électorales de sa commune, un nombre de jurés triple du nombre attribué à sa commune. Il exclut les citoyens qui n'auront pas atteint l'âge de 23 ans au cours de l'année civile suivante. En outre, le maire de la commune du siège de la cour d'assises tire au sort un nombre triple du nombre de jurés suppléants. Les listes des citoyens tirés au sort sont adressées au greffe de la cour d'assises.

Chaque maire avise les citoyens de sa commune tirés au sort et leur demande de préciser leur profession. Il les informe qu'ils ont la possibilité de demander une dispense, par lettre simple, avant le 1er septembre, au président de la commission établissant la liste annuelle et la liste spéciale.

La liste annuelle est dressée au mois de septembre, au siège de chaque cour d'assises, par une commission présidée, dans les tribunaux judiciaires sièges de la cour d'assises, par le président du tribunal ou son délégué. Elle comprend en outre trois magistrats du siège, le procureur de la République ou son délégué, le bâtonnier de l'Ordre des avocats de la juridiction, siège de la cour d'assises ou son représentant et cinq conseillers départementaux désignés chaque année par le conseil départemental.

La commission exclut des listes préparatoires les personnes qui ne remplissent pas les conditions d'aptitude légale. Elle examine les demandes de dispense et exclut des listes préparatoires les personnes dont la dispense est sollicitée et accordée. La liste annuelle et la liste spéciale des jurés sont établies par tirage au sort parmi les noms qui n'ont pas été exclus. Les listes sont définitivement arrêtées dans l'ordre du tirage au sort. Elles sont ensuite transmises aux maires des communes, qui doivent informer le président de la commission de tout décès, incapacité, incompatibilité légale qui frapperaient les personnes tirées au sort. Le cas échéant, le président de la commission les exclut des listes.

Trente jours au moins avant l'ouverture des assises, le président du tribunal de grande instance, siège de la cour d'assises, ou son délégué, tire au sort, en audience publique, sur la liste annuelle, les noms de trente-cinq jurés qui forment la liste de session. Il tire, en outre, les noms de dix jurés suppléants sur la liste spéciale. Si, parmi les noms tirés au sort, figurent ceux d'une ou de plusieurs personnes décédées ou qui ne rempliraient pas les conditions d'aptitude légale ou qui ont exercé les fonctions de juré dans le département depuis moins de cinq ans, ces noms sont immédiatement remplacés sur la liste de session et la liste des jurés suppléants par les noms d'un ou de plusieurs autres jurés désignés par le sort. Ils sont en outre retirés de la liste annuelle ou de la liste spéciale. Sont également remplacés sur la liste de session et sur la liste des jurés suppléants, dans le cas où ils sont tirés au sort, les noms des personnes qui, dans l'année, ont déjà figuré sur la liste de session et se sont effectivement présentées à l'ouverture de la session.

Quinze jours au moins avant l'ouverture de la session, le greffier de la cour d'assises convoque, par courrier, chacun des jurés titulaires et suppléants. Cette convocation précise la date et l'heure d'ouverture de la session, sa durée prévisible et le lieu où elle se tiendra. Elle rappelle l'obligation, pour tout citoyen requis, de répondre à cette convocation sous peine d'être condamné à une amende de 3 750 €. Elle invite le juré convoqué à renvoyer, par retour du courrier, au greffe de la cour d'assises le récépissé joint à la convocation, après l'avoir dûment signé. Si nécessaire, le greffier peut requérir les services de police ou de gendarmerie aux fins de rechercher les jurés qui n'auraient pas répondu à la convocation et de leur remettre celle-ci.

A l'ouverture de la session, le greffier procède à l'appel des jurés inscrits sur la liste de session. La réunion des jurés, avant l'examen de la première affaire prévue au rôle, est obligatoire. Elle permet de réviser la liste des jurés. A cette occasion, toute erreur matérielle (portant, le cas échéant, sur l'état civil, l'adresse ou la profession des jurés) est rectifiée.

Si parmi les jurés présents, il en est qui ne remplissent pas les conditions d'aptitude légales, la cour ordonne que leurs noms soient rayés de la liste Sont également rayés de la liste de session, les noms des jurés qui se révéleraient être conjoints, parents ou alliés jusqu'au degré d'oncle ou de neveu inclusivement d'un membre de la cour ou de l'un des jurés présents inscrits avant lui sur ladite liste, après lecture de l'ordonnance du premier Président de la Cour d'appel désignant les membres de la cour. La cour examine également les demandes de dispense (pour la totalité de la session ou encore pour une partie de la session) que pourraient faire valoir les jurés pour des raisons médicales, professionnelles ou pour tout autre motif de nature personnelle sur justificatifs produits.

Si, en raison des absences ou à la suite des radiations par la cour, il reste, sur la liste de session, moins de vingt jurés ou, lorsqu'au cours de la session la cour d'assises doit statuer en appel, moins de vingt-trois jurés, ce nombre est complété par les jurés suppléants (tirés au sort à partir de la liste des jurés suppléants, laquelle est établie à partir de la liste annuelle et comprend des jurés demeurant obligatoirement sur la commune du siège de la cour d'assises, suivant l'ordre de leur inscription. A l'issue de cette réunion, il est délivré aux jurés un certain nombre d'informations (par le président de la cour d'assises et, le cas échéant, un représentant du ministère public, un représentant du barreau local et un représentant de l'administration pénitentiaire) sur les fonctions de jurés d'assises, sur le déroulement d'un procès criminel et sur le sens de la peine. Un film du ministère de la justice est également projeté pour compléter ces informations. Cette réunion est importante pour établir un premier contact avec l'institution judiciaire, pour permettre aux jurés de concevoir le rôle de jurés d'assises et pour lever les appréhensions.

Avant le jugement de chaque affaire, la cour révise, s'il y a lieu, la liste de session. En outre, elle ordonne que soient provisoirement retirés de la liste les noms des conjoints, parents et alliés jusqu'au degré d'oncle ou de neveu inclusivement de l'accusé ou de son avocat, ainsi que les noms de ceux qui, dans l'affaire, sont témoins, interprètes, dénonciateurs, experts, plaignants ou parties civiles ou ont accompli un acte de police judiciaire ou d'instruction.

Le greffier fait l'appel des jurés restant sur la liste. Une carte portant leur nom est déposée dans une urne. Le jury de jugement est composé de six jurés lorsque la cour statue en premier ressort et de neuf jurés lorsqu'elle statue en appel. En outre, la cour détermine, par arrêt, le nombre de jurés supplémentaires qui assistent aux débats et qui assistent, sans pouvoir manifester leur opinion, au délibéré. La cour statue par arrêt sur le nombre de jurés supplémentaires étant précisé qu'au moins un juré supplémentaire devra être tiré au sort pour chaque affaire.

Le président de la cour d'assises tire au sort les jurés lors de la constitution du jury de chaque affaire. L'accusé ou son avocat peut récuser au maximum quatre jurés (cinq en appel) au fur et à mesure du tirage au sort. Le ministère public peut récuser au maximum trois jurés (quatre en appel). Ils ne peuvent pas exposer les motifs de leur récusation. S'il y a plusieurs accusés, ils peuvent se concerter pour exercer leurs récusations ou les exercer séparément (dans ce cas, le sort règle entre eux le rang dans lequel ils font les récusations).

Le jury de jugement est formé à l'instant où sont sortis de l'urne les noms de six jurés (neuf en appel) non récusés, outre les jurés supplémentaires. Les jurés se placent dans l'ordre désigné par le sort, aux côtés de la cour, si la disposition des lieux le permet, et à défaut sur des sièges séparés du public, des parties et des témoins, en face de celui qui est destiné à l'accusé.

Le président donne lecture aux jurés du texte du serment prévu à l'article 304 du code de procédure pénale :

« Vous jurez et promettez d'examiner avec l'attention la plus scrupuleuse les charges qui seront portées contre X..., de ne trahir ni les intérêts de l'accusé, ni ceux de la société qui l'accuse, ni ceux de la victime ; de ne communiquer avec personne jusqu'après votre déclaration ; de n'écouter ni la haine ou la méchanceté, ni la crainte ou l'affection ; de vous rappeler que l'accusé est présumé innocent et que le doute doit lui profiter ; de vous décider d'après les charges et les moyens de défense, suivant votre conscience et votre intime conviction, avec l'impartialité et la fermeté qui conviennent à un homme probe et libre, et de conserver le secret des délibérations, même après la cessation de vos fonctions ».

Chacun des jurés, appelé individuellement par le président, répond, debout et tête découverte, en levant la main : « Je le jure ! ».

A l'issue de la prestation de serment des jurés, le président déclare le jury définitivement constitué et prononce l'ouverture des débats.

Crime, assassinat et prescription

Contrairement aux Etats-Unis et au Canada, où l'on entend souvent parler de « crime au premier degré » dans la presse et les nombreuses séries télévisées, cette notion n'existe pas dans le droit français. En ce qui concerne la notion dite de « crime » en France, il faut être attentif aux mots employés qui peuvent refléter un terme générique propre à plusieurs catégories ou au contraire à une catégorie bien définie. Comme dans beaucoup de domaines, c'est une question essentielle. Sinon, on ne sait pas de quoi on parle.

Il existe en France plusieurs juridictions toutes aussi différentes les unes que les autres et chargées de statuer dans leurs tribunaux sur des sujets aussi variés que parfois complexes. Pour faire simple, deux grandes catégories distinctes se démarquent de l'arborescence judiciaire, les juridictions civiles et les juridictions pénales. Ce qui nous importe dans le sujet se trouve dans la seconde famille. Les juridictions civiles vont en effet s'occuper des litiges sur la propriété, le commerce, les affaires familiales, etc...

Avant d'en parler, il faut dire un mot des raisons pour lesquelles on peut se retrouver mis en cause au pénal. Le pénal (du mot peine) regroupe tous les actes prévus par la loi et qui sont considérés comme des comportements antisociaux méritant une punition. Il faut bien distinguer cela de ce qui se trouve plus haut sur les affaires civiles. Car on peut avoir un litige avec un voisin pour une affaire de terrain, par exemple, et être quelqu'un de tout à fait honnête. C'est pour cela que les juridictions pénales ne sont compétentes que pour juger de tout ce qui est... pénal et considéré comme tel par la loi.

Bien sûr, les actes qui relèvent du pénal n'ont pas tous la même gravité. Un stationnement interdit est une infraction pénale. On ne va pas le comparer, en termes de gravité, à un meurtre. En Droit français, il existe donc trois catégories d'infractions. Qui englobe tout ce que la loi interdit et qui relève des juridictions pénales. Un stationnement interdit est une infraction pénale, tout comme le meurtre est une infraction pénale. Les trois catégories doivent être connues. C'est une distinction qui existe dans notre Droit depuis Napoléon. Et ça n'a pas changé depuis. En bas de l'échelle on trouve les contraventions (beaucoup d'infractions routières mais aussi, par exemple, des violences légères, des insultes, etc.). Au-dessus, on trouve les délits (vol, escroquerie, violences volontaires, homicide involontaire, etc.). Et enfin, encore au-dessus, le plus grave : les crimes.

Beaucoup de gens considèrent qu'un « crime » c'est nécessairement le fait de tuer quelqu'un. Cela est faux. Un crime est une infraction que la loi considère comme très grave et qui entraîne par le fait, d'autres conséquences. Tout d'abord, comme on s'en doute, les peines encourues sont plus lourdes. Et la procédure qui permet de conduire quelqu'un devant les juges est différente. Les juridictions ne sont pas les mêmes non plus.

Pour un crime, quel qu'il soit, on est normalement jugé par une cour d'assises (avec le jury). Pour un délit, on est jugé par le tribunal correctionnel (d'où le terme « passer en correctionnelle ») et pour une contravention on passe devant le tribunal dit « de police » (sauf, bien entendu, si on paye une amende forfaitaire comme c'est le cas, notamment, pour beaucoup d'infractions routières de stationnement, excès de vitesse, etc.)

Les crimes, regroupent diverses infractions. Un meurtre constitue un crime, un assassinat constitue un crime, un viol constitue un crime, un faux en écriture publique constitue un crime, etc.

Maintenant, concernant les homicides (le fait de tuer une personne humaine) il faut distinguer. Disons d'abord que le terme « homicide » est un terme générique qui englobe le fait de tuer quelqu'un, quelle que soit la manière. C'est pourquoi on parle d'homicide volontaire ou d'homicide involontaire. Si je renverse un piéton alors que je suis au volant de ma voiture et que j'ai agi ainsi parce que j'ai été distrait, parce que j'allais trop vite, on va me reprocher un homicide involontaire. Ça constitue un délit. Si j'ai renversé volontairement le piéton, parce que le type m'avait insulté ou parce qu'il venait de me voler mon portefeuille, on parle d'homicide volontaire. Évidemment, on comprend tout de suite que la gravité n'est pas la même.

Dans les homicides volontaires on a deux crimes différents : le meurtre et l'assassinat. Ici aussi, il faut bien faire la différence. Le meurtre c'est l'homicide volontaire « simple », si l'on peut dire. C'est-à-dire que le criminel le commet dans un moment de colère, en réaction à une agression, à une hallucination, ou autre. Mais surtout, très important, sans qu'il y ait eu « préméditation ».

L'assassinat, quant à lui, est commis avec « préméditation ». C'est-à-dire que le criminel a tué après l'avoir décidé, après avoir préparé son affaire, tendu un piège, etc. Évidemment, la préméditation est aussi une affaire d'interprétation. Car pour tuer quelqu'un volontairement, il faut évidemment l'avoir décidé. Dans ce cas, on pourrait toujours dire que, ne serait-ce que pendant quelques secondes, il y a eu un temps de décision, donc de préméditation. En fait, chaque cas est un cas d'espèce et ce sont les magistrats qui qualifient le crime.

Un exemple, dans une affaire mondialement connue, celle de Gaston Dominici : ce patriarche a été jugé pour le meurtre des parents Drummond (à coups de feu, à la suite d'une dispute) et pour l'assassinat de la fillette parce que la justice a considéré qu'après avoir tué les parents, il a poursuivi Elizabeth qui, selon lui, s'était enfuie. Le temps qu'il ait passé à la rattraper avec la ferme intention de la tuer, a été considéré comme une préméditation.

On pourrait se demander quel est l'intérêt de distinguer un meurtre d'un assassinat. Aujourd'hui, un meurtrier risque jusqu'à trente ans de réclusion. Un assassin risque la perpétuité (soit en réalité 33 ans, période de sûreté maximale). Mais autrefois, avec la peine de mort, la différence était bien nette. Un meurtrier risquait la perpétuité et un assassin la guillotine. Ce n'était pas pareil.

Quant à la prescription de l'action publique (le fait de pouvoir poursuivre l'auteur d'une infraction durant des années), les choses changent aussi selon la gravité. Depuis quelques années, la prescription pour un crime est en général de 20 ans (sauf pour certains crimes où ça peut aller plus haut), 6 ans pour les délits, et 1 an pour les contraventions.

La prescription commence normalement à courir à partir de la date du crime, ou du délit, ou de la contravention. Mais lorsqu'il y a des actes qui sont mis en œuvre, notamment dans le cadre de commissions rogatoires délivrées par les juges d'instruction, la prescription est interrompue. Et entendons-nous bien, interrompue ne veut pas dire suspendue. Dans le cas de l'interruption, la prescription repart à zéro et seulement lorsque les actes d'enquête ou d'instruction sont arrêtés. Autrement dit, rien de surprenant pour l'affaire du petit Grégory puisque cette affaire n'a cessé de donner lieu à de nouvelles enquêtes depuis 1984. Donc, pour l'heure, la prescription n'a même pas commencé à courir.

Ce qui revient à dire que dans le cas d'un crime, si des enquêtes se poursuivent, ce qui est généralement le cas, pendant un certain temps, la prescription ne fait son effet que bien plus tard. Quant à la qualification d'assassinat pour Grégory, cela ne fait aucun doute. Car il y a bien eu préméditation.

Extinction de l'action publique

Dans plusieurs affaires criminelles françaises, il a été impossible de condamner le meurtrier supposé, du fait de son décès. Yvan Keller, surnommé « le tueur à l'oreiller », s'est donné la mort dans sa cellule du palais de justice de Mulhouse le 22 septembre 2006. Il n'est pas le seul, ainsi Jean-Pierre Treiber est retrouvé pendu le 20 février 2010 dans sa cellule de la maison d'arrêt de Fleury-Mérogis. Il était soupçonné du double meurtre de la comédienne Géraldine Giraud ainsi que de son amie Katia Lherbier.

On peut citer également le cas de Thierry Paulin, surnommé « l'assassin des vieilles dames », décédé à la prison de Fresnes, le 16 avril 1989 des

109

suites de sa maladie. Atteint depuis plusieurs mois du Syndrome d'immunodéficience acquise (SIDA), une maladie sexuellement transmissible, qui peut également être transmise par le sang. Décédé, avant d'être jugé, il ne reste que les aveux faits à la police lors de sa garde à vue et des auditions devant le juge d'instruction.

Même si pour les victimes, il est difficile d'accepter l'ordonnance de non-lieu pour extinction de l'action publique, on ne peut pas reprocher à la loi de ne pas être assez claire sur le sujet. En effet, l'accusation doit s'arrêter au moment où la défense ne peut plus se faire entendre. Notre système judiciaire français repose essentiellement sur le débat contradictoire, le ministère public défend les droits de la société contre un accusé qui doit répondre de ses actes avant son éventuelle condamnation. Son décès empêche donc ce débat contradictoire.

Comme le rappelle l'article 6 du code de procédure pénale : « L'action publique pour l'application de la peine s'éteint par la mort du prévenu, la prescription, l'amnistie, l'abrogation de la loi pénale et la chose jugée [...]. Rien n'empêche toutefois, les victimes de déposer une plainte contre l'Etat pour n'avoir pu leur rendre justice. Si la plainte est recevable, elle donnera lieu à une indemnisation judiciaire versée par l'Etat. Dans une affaire tristement célèbre et toujours en cours, l'affaire Grégory Villemin, un petit garçon âgé de 4 ans a été assassiné le 16 octobre 1984. Son corps a été retrouvé dans l'eau de la Vologne, une rivière du Grand Est, dans le département des Vosges. Un cousin du père du jeune garçon, Bernard Laroche, a été mis en examen pour son assassinat.

Lors de l'instruction certaines preuves sont invalidées. A la demande de son avocat, Bernard Laroche est remis en liberté tout en restant inculpé, selon le terme en usage à l'époque. Le père du jeune garçon, Jean-Marie Villemin, se fait justice en abattant son cousin le 29 mars 1985. Beaucoup de personnes sont toujours persuadées que Bernard Laroche a joué un rôle dans l'enlèvement du jeune garçon et ou, de son assassinat. Pour ce cas de figure également l'article du code de procédure pénale est applicable. Même si des preuves formelles venaient à apparaître dans les années futures, Bernard Laroche, du fait de son décès, ne pourra jamais être poursuivi. Officiellement, Bernard Laroche est donc mort inculpé et bénéficie encore, à ce titre, de la présomption d'innocence.

N'oublions pas, toutefois, que si l'action publique est éteinte par la mort de la personne poursuivie, cela ne vaut bien sûr que pour cette personne-là. Des complices ou co-auteurs seront toujours recherchés puis, le cas échéant, condamnés. De même, la mort n'efface pas l'action civile : la victime d'un auteur décédé (ou ses ayants droit si ladite victime n'est plus de ce monde) pourra toujours réclamer réparation du préjudice subi auprès des proches du criminel. Ce serait le cas des parents si l'auteur des faits était mineur ou de ses proches qui auraient bénéficié de sa succession.

Toutefois, malgré le décès de Bernard Laroche, l'action judiciaire ne s'éteint pas pour les victimes dites collatérales. En effet, en mai 2002, la cour d'appel de Versailles a condamné l'Etat à verser à Marie-Ange Laroche, veuve de Bernard, la somme de 30 489,90 euros au titre des dommages et intérêts. Les époux Villemin, Jean-Marie et Christine ont également bénéficié du versement d'une indemnité de 35 000 euros chacun pour « faute lourde » de l'Etat le 30 juin 2004. La douleur reste la même en ce qui concerne l'aspect judiciaire pur. En effet, le terme de « non-lieu » revient à dire pour une victime qu'il ne s'est rien passé. En fait, il s'appuie surtout sur l'abandon d'une action judiciaire en cours de procédure, par le juge d'instruction, qui survient lorsque les éléments rassemblés par l'enquête ne justifient pas une action plus avant.

Le non-lieu se distingue ainsi du classement sans suite, qui résulte du principe de l'opportunité des poursuites, lorsque le parquet décide d'abandonner les poursuites avant le procès. Le non-lieu en procédure pénale en France est prévu par l'article 177 du code de procédure pénale.

« Si le juge d'instruction estime que les faits ne constituent ni crime, ni délit, ni contravention, ou si

l'auteur est resté inconnu, ou s'il n'existe pas de charges suffisantes contre la personne mise en examen, il déclare, par une ordonnance, qu'il n'y a lieu à suivre.

Lorsque l'ordonnance de non-lieu est motivée par l'existence de l'une des causes d'irresponsabilité pénale prévue par les articles 122-2,122-3,122-4,122-5 et 122-7 du code pénal ou par le décès de la personne mise en examen, elle précise s'il existe des charges suffisantes établissant que l'intéressé a commis les faits qui lui sont reprochés [...] »

L'une des affaires les plus douloureuses reste le cas de Brigitte Dewevre, cette adolescente de 15 ans et demi retrouvé morte le 6 avril 1972 sur un terrain vague de Bruay-en-Artois (aujourd'hui Bruay-la-Buissière). La jeune fille d'origine modeste va opposer les simples ouvriers à la bourgeoisie locale. Un notable, le notaire Pierre Leroy sera soupçonné par le juge Pascal d'en être l'auteur ou le complice. Mais rien de concret n'aboutira. Une ordonnance de non-lieu sera émise au bénéfice du notable et l'affaire est classée sans suite en 1981, pour ce qui est du crime, il est prescrit en 2005.

Les parents de la petite Brigitte sont désormais décédés tout comme le notaire Pierre Leroy, le premier juge d'instruction, le juge Pascal également. Personne ne pourra être condamné pour ce crime qui par son « non-lieu », ne s'est pas produit, argument difficile à concevoir pour les familles. Le journaliste Jean Ker, qui a tissé des liens avec les parents a sorti un ouvrage « le fou de Bruay », un document complet sur l'affaire, mais également sur des pistes, qui à l'époque, n'ont pas été suivies…

Justice spécialisée

CRIMINOLOGIE Débats & réflexions

Condamnation par contumace
Défaut criminel

Cette procédure qui appartient au passé depuis la loi du 9 mars 2004 s'appliquait en l'absence de l'accusé au procès. Lorsque devant une Cour d'Assises, le prévenu décidait de ne pas se présenter ou de se soustraire à la justice, il était condamné par « contumace » qui vient du latin contumacia qui signifie « orgueil ». Lors d'un procès en appel, la procédure ne s'appliquait pas, on considère alors que le prévenu qui ne se présente pas devant la Cour a, de lui-même, renoncé à son appel.

Le président de la Cour d'assises déclare le procès ouvert et constate l'absence de l'accusé. Il procède à la rédaction d'une ordonnance par laquelle il enjoint l'accusé à se présenter dans un délai de 10 jours. En cas d'absence, il sera déclaré « rebelle » à la loi. Dans le cas où le prévenu persiste dans sa décision, il était alors procédé au jugement par contumace. Une ordonnance dite « de prise de corps » permettait l'arrestation de l'accusé qui ne s'était pas constitué prisonnier la veille de l'audience et autorisait son incarcération pendant la durée des débats.

L'accusé est jugé par la Cour sans la présence d'un jury populaire, ni même la présence d'un avocat. On considère que son absence signifie que l'accusé n'a pas souhaité répondre aux interrogations de la Cour. De ce fait, la Cour n'a pas le loisir d'entendre également ses doléances, c'est ce qu'on appelle en droit français la procédure « contradictoire ». L'avocat n'était donc pas autorisé à défendre le « contumax ». De même aucun témoin, ni expert n'était entendu. Le seul bienfait, si l'on peut dire, qu'avait cette procédure est qu'elle interrompait la prescription. En effet, le jugement par contumace étant provisoire dans l'attente d'un nouveau procès, le délai ne s'appliquait donc pas au jugement du délit reproché.

Au niveau du droit européen, il est important de souligner que la cour Européenne des Droits de l'Homme (CEDH) a condamné cette procédure. Elle considérait que l'accusé absent pour des raisons parfois qui lui sont propres devait bénéficier d'un jugement équitable donc à la représentation d'un avocat pour défendre ses droits. C'est donc pour répondre à cette décision de la Cour Européenne que dans la loi « Perben II » instituée le 9 mars 2004, la procédure par contumace est abrogée afin de la remplacer par la procédure de défaut en matière criminelle. Cette fois le prévenu, même absent, dispose d'un conseil pour défendre ses intérêts.

Le défaut en matière criminelle est une procédure destinée au jugement d'un accusé absent sans excuse valable à l'ouverture de l'audience ou au cours des débats, sans qu'il soit possible de les suspendre jusqu'à son retour. En cas de défaillance de l'accusé à son procès, la Cour d'assises n'est pas obligée de le juger par défaut. Elle peut décider de renvoyer l'affaire à une session ultérieure, après avoir décerné un mandat d'arrêt contre l'accusé si un tel mandat n'a pas déjà été décerné (article 379-2 alinéa 2 du Code de procédure pénale).

La procédure par défaut se déroule sans l'assistance des jurés, sauf si d'autres accusés sont jugés simultanément et sont présents, ou si l'absence de l'accusé a été constatée après le commencement des débats. Dans le cas où l'avocat de l'accusé est présent, il peut avoir la parole, la procédure se déroule normalement, à l'exception des dispositions concernant l'interrogatoire et la présence de l'accusé. S'il n'y a pas d'avocat pour assurer la défense de l'accusé, la Cour d'assises statue sur l'accusation après avoir entendu la partie civile et les réquisitions du ministère public.

Dans le cas d'une condamnation à une privation de liberté (emprisonnement ferme), un mandat d'arrêt est délivré contre le condamné. Si ce dernier se présente spontanément en se constituant prisonnier avant le délai de prescription de la peine, l'affaire sera de nouveau examinée dans le cadre d'une procédure normale. Dans le cas contraire elle deviendra définitive. En opposition avec l'ancienne procédure par contumace qui n'était que provisoire.

La loi du 9 mars 2004, dite « Perben II », a abrogé les dispositions relatives à la procédure de contumace et institué une procédure par défaut en cas de défaillance d'un accusé au procès pénal (article 379-3 du Code de procédure pénale). Les dispositions sur l'ordonnance de prise de corps ont été abrogées en 2004. Aujourd'hui, ce sont les dispositions relatives aux mandats d'arrêt et mandats de dépôt qui s'appliquent.

On peut citer comme exemple le cas de Dieter Krombach dont l'extradition refusée par l'Allemagne n'a pas comparu pour le meurtre en 1982 de sa belle-fille Kalinka Bamberski et dont le père André Bamberski s'est battu avec acharnement pour obtenir justice pour sa fille, cette affaire a fait l'objet d'un film avec Daniel Auteuil : « Au nom de ma fille » inspiré du livre d'André Bamberski...

En 2004, la condamnation par contumace est remplacée par la procédure « défaut criminel » avec la loi Perben 2 numéro 2004-204 du 9 mars 2004. Elle est prévue aux articles 379-2 et suivants du Code de procédure pénale. Cette procédure de jugement en matière criminelle concerne l'accusé en fuite ou qui, non excusé valablement, ne se présente pas à l'audience. Elle a remplacé l'ancienne procédure de contumace, jugée contraire à la Convention européenne des droits de l'homme dès lors que l'accusé absent ne pouvait pas se faire représenter par un avocat.

La procédure de « défaut criminel » permet à la cour d'assises, lorsqu'elle ne renvoie pas à une session ultérieure, de statuer sur l'accusation sans l'assistance des jurés, sauf si des coaccusés sont présents ou si l'absence de l'accusé a été constatée après l'ouverture des débats (dans le cadre du procès des attentats du 13 novembre, l'absence de jurés s'explique par la compétence de la cour d'assises spéciale en matière terroriste). Et dans ce cadre, l'accusé absent peut désormais être représenté par un avocat qui assurera la défense de ses intérêts. En cas de condamnation à une peine ferme privative de liberté, la cour décerne mandat d'arrêt si ce n'est déjà fait en application de l'article 379-3 du code de procédure pénale. Et si l'accusé condamné par défaut se constitue prisonnier ou s'il est arrêté avant l'expiration du délai de prescription de la peine, l'arrêt est non avenu et la juridiction criminelle procède alors à son jugement suivant la procédure ordinaire. Depuis la loi n° 2016-731 du 3 juin 2016, l'accusé condamné par défaut peut aussi, dans un délai d'un mois à compter de la date de son arrestation ou de sa constitution de prisonnier, acquiescer à l'arrêt de la cour d'assises et renoncer, en présence de son avocat, au nouvel examen de son affaire, toujours sous le même code à son article 379-4.

Le britannique Ian Bailey a été condamné à 25 ans de prison en application de cette procédure, après que l'Irlande a refusé son extradition, afin qu'il puisse répondre des accusations formulées sur l'assassinat de Sophie Toscan du Plantier le 20 décembre 1996 dans sa résidence irlandaise de Toomore. Son décès le 21 janvier 2024 a interrompu les éventuelles poursuites.

La cour de révision

Rien n'est plus dramatique qu'une erreur judiciaire. Fort heureusement, dans notre système, il existe une possibilité de la faire reconnaître. Cette procédure n'est pas propre au droit pénal, même si les principales manifestations en sont issues. Une personne condamnée à tort aura sans doute une partie de sa vie détruite, plus ou moins largement. Sa dignité atteinte et surtout les souffrances qu'elle a pu endurer durant son incarcération, ne s'effaceront pas.

La cour de révision va se concentrer sur plusieurs faits avant de pouvoir prendre sa décision. D'abord elle va étudier ce qui permet de penser à une erreur judiciaire. Pour rappel, il s'agit d'une décision prise par une juridiction qui commet une erreur dans son jugement. Ces erreurs parfois n'ont pas pu être démontrées ni lors du procès en appel, ni par les juges de la Cour de cassation. L'erreur judiciaire peut uniquement être caractérisée que lorsque toutes les voies de recours ont été épuisées.

Il est très rare que la cour de révision accepte de rouvrir un dossier. Rappelons que sa décision de reconnaissance aura pour effet de casser les jugements précédents et d'en provoquer un nouveau. Car le rôle de cette cour ne se limite qu'à examiner le bienfondé d'une éventuelle condamnation à tort. En cas de succès devant cette cour, les jugements sont cassés, mais ce sera à nouveau aux premières instances de rejuger les affaires. Toutefois, la Cour de révision a la possibilité de libérer un prisonnier dans l'attente de sa prochaine audience, car le condamné retrouve sa présomption d'innocence. Le nouveau procès aura juste une action de réhabilitation.

La cour de révision doit également être attentive à l'autorité de la chose jugée en première et seconde instance. Ces décisions sont encadrées notamment par les articles 595 et suivants du Code de Procédure Civile qui traitent de la révision en matière civile et les articles 622 et suivants du Code de Procédure Pénale qui traitent de la révision en matière pénale. La révision reste un recours extraordinaire. Elle est ouverte « au bénéfice de toute personne reconnue coupable d'un crime ou d'un délit lorsque, après une condamnation, vient à se produire un fait nouveau ou à se révéler un élément inconnu de la juridiction au jour du procès de nature à établir l'innocence du condamné ou à faire naître un doute sur sa culpabilité » (article 622 du Code de Procédure Pénale).

C'est l'article 622-2 du même Code de Procédure Pénale qui régit les personnes habilitées à demander cette révision :

- le ministre de la Justice ;

- le procureur général près la Cour de cassation et les procureurs généraux près les cours d'appel ;

- le condamné ou, en cas d'incapacité, son représentant légal ; après la mort ou l'absence déclarée du condamné, de son conjoint, de son partenaire lié par un pacte civil de solidarité, de son concubin, de ses enfants, de ses parents, de ses petits-enfants ou de ses arrière-petits-enfants, ou de ses légataires universels ou à titre universel.

La demande en révision est d'abord adressée à la commission d'instruction des demandes en révision et en réexamen, qui se prononce sur sa recevabilité. En cas d'irrecevabilité, la commission peut rejeter la demande par une ordonnance motivée non susceptible de recours. La commission d'instruction prend en compte l'ensemble des faits nouveaux ou des éléments inconnus sur lesquels ont pu s'appuyer une ou plusieurs des requêtes précédemment présentées. Si au regard du fait nouveau ou de l'élément inconnu au jour du procès, la commission d'instruction estime que la requête est recevable, elle saisit la Cour de révision et de réexamen par une décision motivée non susceptible de recours. Si le requérant en fait la demande, cette décision peut être rendue en séance publique.

La cour de révision est composée de 18 magistrats qui sont désignés par l'assemblée générale de la Cour de cassation pour une durée de 3 ans renouvelable. La commission d'instruction est pour sa part, composée de 5 magistrats qui siègent à la cour de révision. Comme dans toutes les juridictions judiciaires ou administratives, les débats sont contradictoires, c'est-à-dire en présence des parties ou de leurs représentants.

La commission de révision peut demander la suspension de l'exécution de la condamnation. Pour ce qui est de la réparation, c'est le versement de dommages et intérêts qui est prévu en application de l'article 626-1 du Code de Procédure Pénale. Naturellement, en cas de réhabilitation, la personne qui a été condamnée verra la suppression de la fiche sur son casier judiciaire du fait dont elle a été innocentée. Elle peut également obtenir une publication de la décision. Même si l'erreur est reconnue, ses conséquences sont souvent irréversibles. La victime qui en fait la demande a un droit à réparation à hauteur du préjudice matériel et moral subi. La famille peut également demander réparation, de même que toute personne justifiant d'un préjudice lié à la condamnation. L'indemnité est allouée par décision du président de la Cour d'appel et calculée sur la durée de détention, rapportée au SMIC. Elle est en principe à la charge de l'État.

Une fois saisie, la Cour de révision et de réexamen peut ordonner l'exécution d'un supplément d'information confié à l'un ou plusieurs de ses membres. Si la Cour estime que l'affaire est en état, elle l'examine au fond à l'issue d'une audience publique au cours de laquelle sont recueillies les observations orales ou écrites du requérant ou de son avocat, du ministère public, le cas échéant, celles de la partie civile constituée au procès dont le réexamen est demandé, ou son avocat. C'est le requérant ou son avocat qui prend le dernier la parole. La Cour de révision et de réexamen statue par un arrêt motivé non susceptible de recours.

La formation de jugement rejette la demande si elle l'estime mal fondée. Si elle estime la demande fondée, elle annule la condamnation prononcée. S'il est possible de procéder à de nouveaux débats contradictoires, la formation de jugement de la Cour de révision et de réexamen renvoie le requérant devant une juridiction de même ordre et de même degré, mais autre que celle dont émane la décision annulée. Si l'organisation de nouveaux débats est impossible, et après l'avoir expressément constaté (en cas d'amnistie, de décès, de contumace, de défaut d'un ou de plusieurs condamnés, d'irresponsabilité pénale, de prescription de l'action publique ou de la peine), la formation de jugement de la Cour de révision et de réexamen statue au fond, donc sans nouveau procès. La décision devient donc définitive.

Depuis 1945, la justice n'a reconnu que 9 erreurs judiciaires. Voici les noms de ceux que la justice a condamnés et qu'elle a finalement acquittés :

1955 : Jean Dehays, c'est l'homme qui est au centre de la première erreur judiciaire de l'après-guerre. Ce docker de Pornic en Loire-Atlantique est accusé d'avoir tué un fermier et tenté d'assassiner son épouse. Après avoir avoué les faits, il se rétracte, mais il est condamné à 20 ans de travaux forcés en 1945. En 1952, une bagarre dans un café permet à des policiers d'identifier le véritable meurtrier. « Le bagnard innocent » est acquitté trois ans plus tard, en 1955, et reçoit une indemnité de 12 335 francs (1 880 euros).

1965 : Monique Case se retrouve au cœur de l'affaire du « bois bleu ». Accusée du meurtre de Georges Segrétin, le directeur de l'agence de la Société Générale retrouvé carbonisé dans sa voiture 2 CV. Le commissaire chargé de l'enquête estime rapidement que "Monique la Diabolique" sur qui pèsent des soupçons de vie dissolue, est la coupable. Les jurés en tirent une conclusion identique et Monique Case est condamnée. Elle ne sera détenue que 43 jours car le véritable assassin, Ernest Rodrigues, est démasqué. Une contre-enquête est menée qui blanchit définitivement Monique Case.

1969 : Jean-Marie Devaux, accusé du meurtre de la fillette de 7 ans de son patron-boucher. Le magistrat fonde son argumentation sur un épisode flou au cours duquel l'accusé aurait fait trépasser un félin. Devaux ne cesse de clamer son innocence, et grâce à un vice de procédure, il est rejugé. En 1969, il est acquitté. La justice lui accorde une indemnité de 125 000 francs (19 056 euros) pour ses huit années de prison. Cette affaire est à l'origine de la loi sur l'indemnisation des personnes acquittées.

1985 : Guy Mauvillain est accusé du meurtre d'une vieille dame en 1975 à La Rochelle, il est condamné à 18 ans de réclusion. L'instruction menée en sept mois a conclu sans mobile, sans preuve et sans aveu à sa culpabilité, sur la seule foi des dernières paroles de la victime. Le délibéré ne durera que trente minutes. La détermination de l'entourage du condamné permettra de faire rejuger l'affaire qui débouchera sur un acquittement. Rejugé, il est acquitté en 1985, il a reçu 400 000 francs soit 96 000 euros pour plus de 6 ans de détention.

1985 : Roland Agret est condamné sur la base de faux témoignages en 1970 à 15 ans de réclusion pour avoir été l'instigateur du meurtre d'un garagiste. Il passe sept ans en prison. Libéré par grâce présidentielle après une grève de la faim, il enchaîne les actions médiatiques pour faire entendre son innocence. Il se coupe ainsi deux doigts qu'il fait porter au ministère de la justice en 1983. Rejugé en 1985, il est acquitté. Mais la commission d'indemnisation de la cour d'appel refuse de l'indemniser. En 2005, il se tire une balle dans le pied pour protester et obtient finalement gain de cause. D'après le magazine « Le Point », il aurait perçu 500 000 euros. Il est le fondateur d'Action justice, une association visant à aider les personnes condamnées ayant subi des dysfonctionnements judiciaires, avant de décéder le 18 septembre 2016.

1999 : Rida Daalouche, coupable idéal car lui-même toxicomane est condamné en avril 1994 pour le meurtre d'un revendeur d'héroïne marseillais. Il tient des propos décousus pendant l'enquête et est incarcéré dès 1991. Si ce n'est qu'on apprend après sa condamnation que le jour du meurtre, Rida Daalouche était en cure de désintoxication. Il est libéré en 1997, sa condamnation est annulée un an plus tard, et il est définitivement acquitté en 1999. Il ne sera jamais indemnisé par la Commission nationale d'indemnisation au motif qu'il était responsable de son incarcération en ne donnant pas d'indications précises pour retrouver le bulletin d'hospitalisation qui le rendait innocent.

2002 : Patrick Dils, accusé en 1989 du meurtre et du viol de deux enfants à Montigny-lès-Metz a été condamné à la réclusion criminelle à perpétuité après avoir avoué les crimes. Mais la découverte de la présence de Francis Heaulme dans les environs au moment des faits permet de soumettre l'affaire à la Cour de révision. En 2001, elle annule la condamnation, mais Patrick Dils ne sera acquitté qu'en 2002. Il touchera 1 000 000 d'euros d'indemnisation pour avoir enduré des viols et des violences en prison où il sera resté près de quinze ans.

2011 : Loïc Sécher, accusé à tort du viol d'une adolescente de son village. L'homme a passé 7 ans en prison. En juin 2011, il est définitivement acquitté, trois ans après que la jeune fille s'est rétractée et a avoué ses mensonges. Le 25 septembre 2012, la cour d'appel de Rennes a fixé à 797 352 euros, le montant des indemnités réservées à l'ancien prisonnier.

2012 : Marc Machin, accusé du meurtre de Marie-Agnès Bedot aux abords du pont de Neuilly. Il fait figure de coupable idéal avec un casier déjà chargé. Il avoue devant la police et le juge avant de se rétracter. Innocenté grâce aux aveux de David Sagno pour le meurtre de Marie-Agnès Bedot et Maria-Judith Araujo. Il est indemnisé à hauteur de 663 320 euros pour ses sept ans de prison.

2014 : Christian Iacono ancien maire de Vence clame son innocence. A l'issue de son procès en révision devant la cour d'assises du Rhône, Christian Lacono est acquitté. Il avait été condamné en 2009 pour le viol de son petit-fils durant deux ans à la fin des années 1990. Le jeune homme est revenu sur ses accusations en 2011 et a avoué avoir « inconsciemment menti », influencé par des conflits entre son père et son grand-père. Le 18 février 2014, la cour de révision a annulé la condamnation de l'ancien élu, qui a passé onze mois en prison. Il est indemnisé à hauteur de 700 000 euros.

2015 : Abdelkader Azzimani et Abderrahim El-Jabri condamnés à 20 ans de prison pour le meurtre d'un dealer en décembre 1997. En 2011, le revirement d'un témoin et la découverte de traces d'ADN ont orienté la justice sur deux autres suspects, qui ont été condamnés dans cette affaire. À la suite de leur procès en révision Kader Azzimani, 50 ans, et Brahim El Jabri, 49 ans seront indemnisés à hauteur de 480 000 euros chacun, comme l'avait décidé la cour d'appel de Nîmes en novembre 2015.

Aux 12 personnes en 2022 qui ont été reconnues innocentes s'ajoutent également les procédures rejetées dont certaines sont tout aussi célèbres.

1991 : Christian Ranucci guillotiné le 28 juillet 1978 pour l'enlèvement et l'assassinat de la petite Marie-

Dolorès Rambla le 3 juin 1974. Plusieurs demandes de révision ont été demandées, notamment grâce aux remous provoqués par la sortie du livre de Gilles Perrault, « Le pull-over rouge ». La dernière requête formulée par la mère de Ranucci, Héloïse Mathon, est rejetée le 15 novembre 1991. Depuis plusieurs livres contre-enquête témoignent de la réelle culpabilité de Christian Ranucci : « Ranucci, autopsie d'une imposture » de Gérard Bouladou et « Ranucci, du doute à la vérité » de Jean-Louis Vincent.

1995 : Gaston Dominici. En août 1952, un couple de Britanniques et leur fille âgée de 10 ans, sont retrouvés mort près du village de Lurs (Alpes-de-Haute-Provence). L'enquête se concentre autour du « clan Dominici », une famille de paysans dont les membres s'accusent et s'innocentent tour à tour. Accusé par son fils Gustave, Gaston, 77 ans, est condamné à mort le 28 novembre 1954. Sa peine est commuée en réclusion à perpétuité en 1957, puis le général de Gaulle le gracie. Libéré en 1960, il meurt cinq ans plus tard. Une nouvelle instruction visant à vérifier si des complices avaient pu agir avec lui, aboutit à un non-lieu en 1956. La famille demande plusieurs fois, en vain, la révision de son procès. Le 29 mai 1995, la commission de révision rejette pour la 5ème fois la demande formulée par son petit-fils.

2002 : Omar Raddad. En 1991, une vieille dame, Ghislaine Marchal, meurt poignardée. L'affaire a été rendue célèbre par les mots écrits en lettres de sang « Omar m'a tuer », qui accuse le jardinier marocain Omar Raddad. Condamné à dix-huit ans de réclusion criminelle en février 1994, il a été gracié partiellement en 1996 par le président Jacques Chirac et a été libéré en septembre 1998, après sept ans de prison. La cour de révision rejette sa demande le 20 novembre 2002. Le 13 octobre 2022, la dernière requête en révision est rejetée par la commission d'instruction de la cour de révision.

2006 : Guillaume Seznec est condamné en 1924 pour le meurtre de Pierre Quémeneur, conseiller général du Finistère. Guillaume Seznec ne cesse de clamer son innocence. Condamné au bagne sur l'île du Diable, en Guyane, il refuse une grâce présidentielle en 1933, espérant toujours être réhabilité. Après son décès en 1954, sa famille, notamment son petit-fils, poursuit son combat. Treize demandes de réhabilitation sont rejetées. Le 14 décembre 2006, la cour de révision rejette la dernière requête.

2007 : André Kaas est accusé d'avoir, le 5 avril 1992, assassiné son épouse Sylviane Kaas à son domicile pendant que les quatre enfants étaient au cinéma. Sur la base d'une dénonciation, André Kaas est emprisonné un an et demi après. Un non-lieu général est prononcé le 26 mars 2004. À ce jour, l'assassin n'a pas été identifié. En décembre 2007, la Commission nationale de réparation de la détention provisoire lui accorde 173 000 euros d'indemnités

2011 : Dany Leprince est condamné en 1997 à la perpétuité pour le quadruple meurtre de son frère et de sa famille commis trois ans auparavant à Thorigné-sur-Dué (Sarthe). Il clame son innocence et multiplie les recours. En avril 2011, la cour de révision prend le contre-pied de la commission et refuse d'annuler la condamnation. Dany Leprince retourne en prison. Une grâce présidentielle lui est refusée. Il est libéré à l'issue de sa peine de sûreté en avril 2012.

2015 : Raymond Mis et Gabriel Thiennot. Suspectés d'avoir tué un garde-chasse dans l'Indre en 1946, les deux hommes ont avoué, puis se sont rétractés, assurant que leurs aveux avaient été extorqués sous la torture. Ils sont condamnés en 1950 à quinze ans de travaux forcés jusqu'à ce que le président René Coty les gracie en 1954. Depuis, leur comité de soutien réclame leur réhabilitation. Thiennot est mort en 2003 et Mis, en 2009. Le 16 mars 2015 la commission de révision rejette la 6ème demande. Le 5 octobre 2023, la commission d'instruction de la Cour de révision ordonne la révision du procès en Cour de cassation, avec le retrait d'une trentaine de procès-verbaux obtenus par la violence.

CRIMINOLOGIE Débats & réflexions

La grâce présidentielle

C'est l'article 17 de la constitution française qui régit le droit de grâce accordé au chef de l'Etat : « Le Président de la République a le droit de faire grâce à titre individuel ». En consultant le site www.service-public.fr, on peut lire que la grâce est une mesure de clémence du Président de la République qui supprime ou réduit la peine qu'un condamné aurait dû subir ».

Pourtant le droit de grâce n'a pas été inventé avec les différentes républiques qui se sont succédé. A l'origine il s'agit d'un droit que les anciens rois de France usaient à profusion. On parle beaucoup à une époque de ce droit de grâce, lorsque la peine de mort était encore appliquée en France. Jadis, avant le 9 octobre 1981, le Président de la République examinait le cas des condamnés à mort, l'exécuteur des hautes œuvres ne pouvait accomplir sa fonction qu'après le rejet du recours en grâce. Il était alors mentionné « Le chef de l'Etat décide de laisser la justice suivre son cours » ce qui officialisait l'ordre d'exécution donné par la cour d'Assises et les jurés qui la composait.

Lorsqu'une grâce est accordée, il faut préciser que les faits qui ont entrainé la condamnation reste inscrits au casier judiciaire de son auteur, il ne s'agit en rien d'en effacer l'acte commis. Auparavant, il était de coutume de gracier des condamnés lors d'une élection présidentielle ou chaque année au 14 juillet à partir de 1981, date choisie pour le symbole de la fête nationale. On parle alors d'amnistie, seul décret qui n'était pas publié au journal officiel. La loi constitutionnelle du 23 juillet 2008 a encadré l'exercice du droit de grâce en interdisant les grâces collectives. Ainsi le Président de la République ne peut donner de grâce à une catégorie de personnes, mais doit se prononcer individuellement sur chaque cas.

Deux informations importantes, la première est que durant l'application des amnisties, les peines pour des actes de terrorisme, trafic de stupéfiants, crimes et délits contre des mineurs de moins de 15 ans en étaient exclus. Il convient également d'ajouter les délits financiers ou ceux de violences envers les forces de l'ordre au gré des scandales suscités dans l'opinion publique. Beaucoup de Présidents ont utilisé cette action pour faire passer un message politique fort. La seconde information est bien qu'au nom de la séparation des pouvoirs, le droit de grâce est avant tout un acte qui se rattache au pouvoir judiciaire. Ce qui rend incompétent le juge administratif rappelé par un arrêt du conseil d'Etat rendu le 28 mars 1947.

Dans un premier temps, le condamné doit pour pouvoir demander la grâce présidentielle, faire l'objet d'une condamnation définitive où toutes les voies de recours normales ont été effectuées, c'est-à-dire l'appel et la cassation. Elle peut être obtenue pour toutes les catégories de peines que ce soit de la prison des contraventions ou des heures de travail d'intérêt général. Cependant la grâce est exclue en ce qui concerne les points du permis de conduire qui reste une sanction administrative. La grâce peut être demandé par un membre de la famille, le parquet ou un ami. Elle est adressée directement au Président de la République ou par l'intermédiaire de son avocat.

C'est le procureur de la République ou sa fonction équivalente du tribunal qui a prononcé la peine qui examine et transmet la demande à la DACG (la Direction des Affaires Criminelles et des Grâces) du ministère de la justice. Une fois accordée, un décret est signé par le Président de la République, le premier ministre le contresigne, ajouté de la signature des ministres de la justice et de ceux qui ont travaillé à l'examen de la grâce, voir qui a suivi l'affaire. Il est notifié directement au condamné, mais ce dernier n'a aucun effet sur la décision judiciaire. La condamnation figure toujours au casier du condamné qui peut éventuellement en demander réparation. La révision si elle est obtenue fera l'objet d'une amnistie, donc de l'effacement du casier. Voilà la différence notable entre l'amnistie et la grâce. Ainsi au travers des différents chefs d'Etat on peut se remémorer quelques grâces ou refus qui ont marqués les esprits.

Emile Loubet :
Alfred Dreyfus, condamné à dix ans de prison, fut gracié le 19 septembre 1899. Il fut ensuite réhabilité.

Albert Lebrun :
Violette Nozière, condamnée à mort le 12 octobre 1934 pour parricide, peine commuée en travaux forcés à perpétuité le 24 décembre 1934. Libérée le 29 aout 1945 (à la suite de sa grâce par Pétain), est graciée par le président de Gaulle qui lève son interdiction de séjour sur le territoire français le 17 novembre. Violette Nozière a donc été graciée trois fois successivement par des chefs d'État différents. Elle est réhabilitée le 13 mars 1963.

Vincent Auriol :
Jacques Benoist-Méchin, condamné à mort pour son rôle dans la collaboration, est gracié le 30 juillet 1947.

Charles De Gaulle :
Philippe Pétain, condamné à mort, voit sa peine commutée en perpétuité le 17 août 1945.

Grâce accordée pour Edmond Jouhaud en 1962, condamné pour avoir participé au putsch d'Alger.

Gaston Dominici, condamné à mort pour le triple meurtre de la famille Drummond, est gracié et libéré le 14 juillet 1960.

Mais à onze reprises, il a refusé la grâce pour des condamnés à mort qui seront exécutés comme le lieutenant-colonel Jean-Marie Bastien-Thiry, fusillé le 11 mars 1963 au fort d'Ivry, pour avoir organisé et dirigé l'attentat du Petit-Clamart, le 22 août 1962.

Georges Pompidou :
Paul Touvier, coupable de crime contre l'humanité, condamné à mort, fugitif, fut gracié le 23 novembre 1971. Il fut tout de même condamné en 1994, pour les mêmes faits requalifiés comme crimes contre l'humanité, à la prison à perpétuité.

Refus de grâce de Claude Buffet et Roger Bontems condamnés à mort pour une prise d'otage sanglante à la prison de Clairvaux.

Valéry Giscard d'Estaing :
Refus de grâce pour Christian Ranucci. Guillotiné le 28 juillet 1976 à 22 ans, pour le meurtre d'une fillette. Un an plus tard cependant, il accorde sa grâce à Marcellin Horneich et Joseph Keller. Tous condamnés pour le meurtre d'un couple d'Anglais,

en Haute-Garonne. Finalement Marcellin Horneich se suicidera en prison en 2012.

La dernière exécution sera celle d'Hamida Djandoubi le 10 septembre 1977 pour la torture et le meurtre de sa maîtresse.

François Mitterrand :
En 1981, François Mitterrand, tout juste entré en fonction et donc avant l'abolition de la peine de mort gracie Philippe Maurice, sous le coup de plusieurs accusations dont un meurtre. En 2000, celui-ci a bénéficié d'une libération conditionnelle et travaille aujourd'hui comme historien à l'École des hautes études en sciences sociales (EHESS).

Jacques Chirac :
Grâce pour Omar Raddad, condamné en 1994 pour le meurtre de sa patronne Ghislaine Marchal.
Grâce pour José Bové l'écologiste, condamné à 10 mois de prison pour avoir détruit des plants transgéniques
Grâce pour Maxime Gremetz, le communiste condamné à deux ans d'inéligibilité, ainsi que 34 détenus de la maison d'arrêt d'Angers en raison de la surpopulation carcérale.

Nicolas Sarkozy
Refus de grâce pour Dany Leprince, condamné à perpétuité pour un quadruple meurtre.
Grâce partielle accordée en 2008, pour Jean-Charles Marchiani, ancien préfet du Var, condamné à trois ans de prison pour trafic d'influence. Il est à

l'origine de la loi constitutionnelle du 23 juillet 2008 qui abolit les grâces collectives qui avaient souvent été utilisées le 14 juillet.

François Hollande :
Lors de sa campagne présidentielle, il a toujours déclaré qu'il n'était pas favorable aux grâces présidentielles, il avait selon lui, une autre conception du pouvoir. Il n'a exercé ce pouvoir que deux fois en 2014 pour Philippe El Shennawy, un ancien braqueur détenu pendant 38 ans, une seconde fois en 2016 pour accorder une grâce partielle à Jacqueline Sauvage pour le meurtre de son mari qui la battait. Devant le refus de la justice à libérer cette femme, il signe un second décret le 26 novembre 2016 de grâce totale pour Jacqueline Sauvage qui est libérée dans les deux heures.

Emmanuel Macron :

Marie-Claire F., ancienne prostituée condamnée en 1988 à la prison à perpétuité pour avoir tué un de ses clients. Considérée comme psychologiquement très fragile et plus ancienne détenue de France, elle vivait depuis 1997 à l'hôpital psychiatrique Guillaume-Régnier de Rennes. Elle bénéficie d'une grâce partielle à compter du 1er juin 2018 ramenant sa peine à 20 ans de détention mais surtout allégeant les conditions de celle-ci et lui permettant des sorties.

CRIMINOLOGIE Débats & réflexions

Histoire & Culture

CRIMINOLOGIE Débats & réflexions

Le Ku Klux Klan

Entre 1861 et 1865, les Etats-Unis sont en proie à une guerre intérieure entre les Etats du Nord et les Etats du Sud. D'un côté, les Etats du Nord dirigés par Abraham Lincoln, président des Etats-Unis élu en 1860, et de l'autre, les Etats confédérés d'Amérique dirigés par Jefferson Davis. Ces derniers regroupent la Caroline du Sud, le Mississippi, la Floride, l'Alabama, la Géorgie, la Louisiane, le Texas, la Virginie, l'Arkansas, le Tennessee et la Caroline du Nord.

Le Nord demandait des droits de douane pour protéger son industrie naissante. L'existence de l'esclavage dans le Sud n'en faisait pas un bon débouché pour la vente des machines du Nord. Le choix des nouveaux États et territoires de l'Ouest devenait déterminants. Le Sud espérait trouver dans l'Ouest un soutien pour le maintien de l'esclavage. Le Nord voulait au moins bloquer toute propagation de l'esclavage dans d'autres États. La guerre de Sécession était prête alors à éclater.

La guerre de Sécession fut un épisode traumatisant de l'histoire des États-Unis. Elle régla cependant deux problèmes en suspens depuis 1776 : elle permit d'abolir l'esclavage et de confirmer que le pays ne se composait pas d'états semi-indépendants mais formait une nation, unie et indivisible.

C'est donc dans la nuit du 24 au 25 décembre 1865, juste après la défaite des sudistes, qu'un mouvement est créé par six officiers sudistes (J. Calvin Jones, Frank O. McCord, Richard R. Reed, John B. Kennedy, John C. Lester, James R. Crowe). Ils vont le nommer Ku Klux Klan. Le nom vient du mot grec kuklos, qui signifie cercle. C'est James R. Crowe qui a l'idée de séparer le mot en deux et de changer la fin, ce qui donne Ku Klux (en latin, lux signifie lumière). Comme les fondateurs ont tous des ancêtres écossais, un autre fondateur, John C. Lester, propose de rajouter le mot clan à la fin, en remplaçant le C par un K, de manière à uniformiser la première lettre des trois mots (KKK).

Le mouvement s'organise très vite en 1867 avec le général Nathan Bedford Forrest qui a notamment servi dans l'armée confédérée à la tête de membres nostalgiques des droits et prérogatives réservés aux blancs disparus avec l'abolition de l'esclavage. Le mouvement est clandestin. Ils sont essentiellement recrutés dans le Tennessee, l'Alabama et la Caroline du Nord.

Le but de l'organisation est très simple : défendre dans le sud la suprématie des blancs que les « Noirs » menacent avec leurs appétits sexuels, leurs souhaits d'être de plus en plus présents dans la communauté et au sein des instances dirigeantes. Le succès est immédiat dans la population sudiste qui regrette ses grandes heures passées où l'on pouvait punir un « nègre » comme il se doit et les traiter à leur vraie place, c'est-à-dire à peine mieux que des animaux. Si la guerre de Sécession a certes imposé une égalité entre les hommes des Etats-Unis, elle n'a pas changé les mentalités de certaines personnes. L'Amérique ne cessera au fil des années, comme d'autres pays, de livrer le combat contre les préjugés raciaux.

Le « Noir » ne représente pas le seul ennemi de ce mouvement. Ses alliés blancs qui, bien que sudistes ont les idées du nord sont également pris pour cible. Les membres du Ku Klux Klan sont vêtus d'une robe blanche et coiffés d'une cagoule ne laissant que deux trous pour les yeux. Le « klansman » (membre du clan), utilise tous les moyens qu'il juge utile pour imposer ses idées, lynchage, humiliation, fouet, mutilation, pillage et meurtre quand il le juge nécessaire.

L'anonymat est l'excuse pour certains membres de commettre des forfaits répréhensibles qui n'ont rien à voir avec les croyances et les combats menés par leurs pères. C'est ainsi que lorsque le général Forrest ordonne la dissolution du groupe en 1969, les actions se poursuivent pour plusieurs membres, la violence augmente et ne connaît bientôt plus aucune limite.

Pourtant dès 1868, le Tennessee vote une loi pour maintenir la paix publique. Il est rejoint l'année suivante par l'Alabama, l'Arkansas, la Caroline du Nord et du Sud, ainsi que le Mississipi. Il faut attendre le 31 mai 1870 pour que le congrès adopte une première mesure de répression. Ces lois ont un symbole très fort, car elles dénoncent ce que l'on peut appeler une « rébellion contre les Etats-Unis et son gouvernement ». Elles permettent également à son président de pouvoir suspendre l'habeas corpus (l'ordonnance ou mandat d'habeas corpus énonce une liberté fondamentale, celle de ne pas être emprisonné sans jugement). Dans plusieurs cas, le président Ulysses Simpson Grant (élu en 1868) manifesta son autorité. Les préjugés et les croyances sudistes demeurent.

En fait c'est l'évolution politique qui fait disparaître réellement le Ku Klux Klan. Entre 1870 et 1872, les propriétaires reprennent leurs terres et le pouvoir sous une autre forme. Ils veulent « remettre les noirs à leur place », mais cette fois en passant par leurs assemblées législatives, sans requérir à la violence.

C'est en 1915 qu'un certain prédicateur laïc d'Atlanta situé en Géorgie, William Joseph Simmons fait renaître de ses cendres le mouvement, en s'appuyant sur le film "The Birth of a Nation", (Naissance d'une nation), de David Wark Griffith, mais le mouvement s'essouffle à la fin du premier conflit mondial. Ce sont deux nouveaux refondateurs, Edward Y. Clarke et Elizabeht Tyler qui vont oser faire « du porte à porte » auprès des habitants pour réclamer une cotisation de 10 dollars. Ainsi en 1920, le Klan compte près de 100 000 membres, pour atteindre 5 millions en 1925. Le mouvement, bien que sudiste, commence à trouver des adeptes dans le Midwest, notamment en Ohio, en Indiana, en Californie, en Oregon.

Le Klan vise désormais de nouveaux objectifs, bien plus larges et plus nationaux que ses fondateurs. Les « Noirs » et étrangers en général restent leur cheval de bataille, mais ils se battent également contre le monopole de l'enseignement public qui voit la suppression des écoles paroissiales, ainsi que les partisans de la vente libre de boissons alcoolisées qui sont beaucoup représentés par des italiens et des irlandais. Les juifs viennent rejoindre leurs cibles, comme les communistes qui ont fait la révolution bolchévique. Plusieurs points communs avec les mouvements extrémistes et fascistes d'Europe.

Sur l'attitude à adopter à l'égard du Klan, les partis traditionnels sont divisés. C'est ainsi qu'à la Convention Nationale de 1924 les démocrates ne parviennent à choisir leur candidat à la présidence qu'après 103 tours de scrutin. Pendant quelque temps, le Klan parvient à dominer les assemblées législatives du Texas, de l'Oklahoma, de l'Arkansas, de la Californie, de l'Oregon, de l'Indiana, de l'Ohio. En 1923, le gouverneur de l'Oklahoma, qui a manifesté son hostilité au Klan, est visé par une procédure d'impeachment, c'est-à-dire suspendu par la législature de l'État.

À partir de 1926, le Klan décline. Mais la politique voulue par les Etats-Unis dans les années 1960 pour l'intégration raciale fait renaître le mouvement. En 1967, on compte encore entre 10 000 et 30 000 membres actifs. Les actes terroristes se multiplient mais l'offensive dirigée par le président Johnson contre cette organisation a pour but de mettre fin à l'impunité des crimes racistes dans le sud des États-Unis. L'influence du Klan, qui devient un groupuscule d'extrême droite, reste limitée. Certains groupes s'essaieront même à l'anticommunisme, mais rien n'y fait ; le Ku Klux Klan, tel qu'il était auparavant, n'existe plus. En 1978, on comptait environ 10 000 membres, mais les effectifs sont en forte diminution depuis cette date.

Le Ku Klux Klan existe encore aujourd'hui, réparti à travers les États-Unis, certaines sections ne contiennent qu'une dizaine de membres tandis que d'autres sont de véritables organisations. On estimait à 3 000 membres dans les années 1990 qui partagent et œuvrent encore pour des idées ou des idéologies raciales, prônant encore la supériorité d'une race sur une autre. Un autre rapport montre que depuis les années 2000, ce nombre serait en augmentation, passant de 5 000 à 8 000 membres. Les sections au nombre d'environ 179 fusionnent parfois avec des mouvements néonazis, voire également avec des « boneheads » (skinheads imprégnés d'idéologie néonazie ou fasciste, persuadés de la suprématie blanche et qui essaient de politiser leurs croyances).

Les groupes les plus importants sont les « Bayou Knights of the Ku Klux Klan » (Les chevaliers de Bayou du Ku Klux Klan), agissant dans le Texas, l'Oklahoma, Louisiane et d'autres zones du sud des Etats-Unis. Les « Church of the American Knights of the Ku Klux Klan » (Église des Chevaliers américains du Ku Klux Klan) ou encore « Knights of the Ku Klux Klan », dirigé par le Pasteur Thomas Robb, basé dans l'Arkansas. Elle est considérée comme la plus grande organisation portant le nom Ku Klux Klan aux États-Unis. Elle se considère elle-même comme la « sixième zone du Klan » et continue d'être un groupe raciste.

Autour du Klu Klux Klan, c'est un véritable folklore, outre les cagoules portées par les membres, les chevaux sont également déguisés. A l'origine, les premières chevauchées avaient pour but de terroriser les « Noirs », leur faisant croire qu'ils étaient les fantômes des soldats confédérés morts par leur faute, responsables simplement d'avoir voulu obtenir les mêmes droits que les « Blancs ». Les costumes ont été inspirés des capirotes (sorte de cagoule pointue utilisée en Espagne par les flagellants). Ironiquement, la capirote est d'origine catholique, alors que le Ku Klux Klan, mouvement prônant la suprématie blanche protestante, est anticatholique.

La hiérarchie et les grades sont établis, lors des cérémonies avec des couleurs et des signes différents :

Le Klansman qui porte une simple robe de couleur blanche traditionnelle, le Nighthawk, responsable de la sécurité qui porte une robe de couleur noire, le Chaplain qui symbolise le prêcheur habillé d'une robe blanche avec une écharpe rouge. Viennent s'ajouter ensuite l'Exalted Cyclops ou Klavern (Cyclope Exalté ou Klavern) qui est responsable d'une ville, marqué de sa robe noire avec une écharpe rouge et 4 chevrons rouge sur les manches. Le Klaliff : assistant des Exalted Cyclops ou leur second en robe de couleur Ou le Titan, responsable d'une large zone équivalente à un district robe blanche et écharpe verte et 4 chevrons verts sur les manches. Le Kludd : responsable au-delà d'un certain nombre de Klavern, robe blanche et écharpe couleur pourpre et 4 chevrons pourpres sur les manches. Le Kleagle, une sorte de directeur des relations publiques chargé du recrutement des Chaplains et Cyclops ave sa robe de couleur rouge. Enfin, au sommet de l'organisation, le Grand Dragon, responsable d'un État avec sa robe de couleur verte et l'Imperial Wizard ou Grand Wizard, le rang le plus important du Ku Klux Klan avec une robe de couleur pourpre.

Le Klan est beaucoup plus aujourd'hui une tradition, une légende ou une référence culturelle qu'une véritable organisation. Il ne peut pour cette raison être combattu institutionnellement qu'en surface, étant toujours prêt à resurgir avec souvent des hommes nouveaux si les racines qui ont amené son apparition dans l'histoire n'ont pas disparu ou si les circonstances lui redeviennent à nouveau favorables. Le Klan est conservateur et raciste. Il ne veut pas la révolution, mais le retour à l'ordre constitutionnel des années 1950 fondé sur la ségrégation, car c'était au prix de cette ségrégation que les sudistes avaient accepté leur défaite, la fin de l'esclavage et la perte de leur influence économique au profit du Nord. Son programme se résume dans la phrase prêtée au général Forrest : « Vous devez assurer la suprématie de la race blanche dans cette République ».

Plusieurs films ont traité de l'organisation du Ku Klux Klan ou y font allusion. Le réveil des idées à la suite d'une injustice ressentie par « les blancs » au détriment « des noirs » laisse penser qu'il suffit souvent d'une étincelle pour faire revivre les idéologies racistes, comme dans le film « Le droit de tuer » (A Time to Kill) de Joel Schumacher sorti en 1996.

Carl Lee Hailey, ouvrier agricole noir, veut défendre l'honneur de sa fille de 10 ans, Tonya, kidnappée, violée, torturée et laissée pour morte par deux délinquants blancs, Billy Ray Cobb et Pete Willard Morte, Les suspects sont arrêtés mais le père commet un acte fatal en tuant les deux auteurs alors qu'ils s'apprêtent à comparaitre devant la justice. L'avocat Jake Brigance est chargé de le défendre dans un procès où le jury n'est composé que de Blancs. De plus, Freddie Lee Cobb prévoit de venger la mort de son frère Billy Ray en demandant de l'aide à la branche locale du Ku Klux Klan et de son « Grand Dragon », Stump Sisson…

I HAVE A DREAM ...

*(Discours prononcé par Martin Luther King
le 28 Août 1963 lors de la marche de Washington)*

Je suis heureux de me joindre à vous aujourd'hui pour participer à ce que l'histoire appellera la plus grande démonstration pour la liberté dans les annales de notre nation.

Il y a un siècle de cela, un grand Américain qui nous couvre aujourd'hui de son ombre symbolique signait notre Proclamation d'Emancipation. Ce décret capital se dresse comme un grand phare illuminant d'espérance les millions d'esclaves marqués au feu d'une brûlante injustice. Ce décret est venu comme une aube joyeuse terminer la longue nuit de leur captivité.

Mais, cent ans plus tard, le Noir n'est toujours pas libre. Cent ans plus tard, la vie du Noir est encore terriblement handicapée par les menottes de la ségrégation et les chaînes de la discrimination. Cent ans plus tard, le Noir vit à l'écart sur son îlot de pauvreté au milieu d'un vaste océan de prospérité matérielle. Cent ans plus tard, le Noir languit encore dans les coins de la société américaine et se trouve exilé dans son propre pays.

C'est pourquoi nous sommes venus ici aujourd'hui dénoncer une condition humaine honteuse. En un certain sens, nous sommes venus dans notre capitale nationale pour encaisser un chèque. Quand les architectes de notre République ont magnifiquement rédigé notre Constitution de la Déclaration d'Indépendance, ils signaient un chèque dont tout Américain devait hériter. Ce chèque était une promesse qu'à tous les hommes, oui, aux Noirs comme aux Blancs, seraient garantis les droits inaliénables de la vie, de la liberté et de la quête du bonheur.

Il est évident aujourd'hui que l'Amérique a manqué à ses promesses à l'égard de ses citoyens de couleur. Au lieu d'honorer son obligation sacrée, l'Amérique a délivré au peuple Noir un chèque en bois, qui est revenu avec l'inscription " provisions insuffisantes ". Mais nous refusons de croire qu'il n'y a pas de quoi honorer ce chèque dans les vastes coffres de la chance, en notre pays. Aussi, sommes-nous venus encaisser ce chèque, un chèque qui nous donnera sur simple présentation les richesses de la liberté et la sécurité de la justice.

Nous sommes également venus en ce lieu sacrifié pour rappeler à l'Amérique les exigeantes urgences de l'heure présente. Ce n'est pas le moment de s'offrir le luxe de laisser tiédir notre ardeur ou de prendre les tranquillisants des demi-mesures. C'est l'heure de tenir les promesses de la démocratie. C'est l'heure d'émerger des vallées obscures et désolées de la ségrégation pour fouler le sentier ensoleillé de la justice raciale. C'est l'heure d'arracher notre nation des sables mouvant de l'injustice raciale et de l'établir sur le roc de la fraternité. C'est l'heure de faire de la justice une réalité pour tous les enfants de Dieu. Il serait fatal pour la nation de fermer les yeux sur l'urgence du moment. Cet étouffant été du légitime mécontentement des Noirs ne se terminera pas sans qu'advienne un automne vivifiant de liberté et d'égalité.

1963 n'est pas une fin, c'est un commencement. Ceux qui espèrent que le Noir avait seulement besoin de se défouler et qu'il se montrera désormais satisfait, auront un rude réveil, si la nation retourne à son train-train habituel.

Il n'y aura ni repos ni tranquillité en Amérique jusqu'à ce qu'on ait accordé au peuple Noir ses droits de citoyen. Les tourbillons de la révolte ne cesseront d'ébranler les fondations de notre nation jusqu'à ce que le jour éclatant de la justice apparaisse.

Mais il y a quelque chose que je dois dire à mon peuple, debout sur le seuil accueillant qui donne accès au palais de la justice : en procédant à la conquête de notre place légitime, nous ne devons pas nous rendre coupables d'agissements répréhensibles. Ne cherchons pas à satisfaire notre soif de liberté en buvant à la coupe de l'amertume et de la haine. Nous devons toujours mener notre lutte sur les hauts plateaux de la dignité et de la discipline. Nous ne devons pas laisser nos revendications créatrices dégénérer en violence physique. Sans cesse, nous devons nous élever jusqu'aux hauteurs majestueuses où la force de l'âme s'unit à la force physique.

Le merveilleux esprit militant qui a saisi la communauté noire ne doit pas nous entraîner vers la méfiance de tous les Blancs, car beaucoup de nos frères blancs, leur présence ici aujourd'hui en est la preuve, ont compris que leur destinée est liée à la nôtre. L'assaut que nous avons monté ensemble pour emporter les remparts de l'injustice doit être mené par une armée biraciale. Nous ne pouvons marcher tout seul au combat. Et au cours de notre progression il faut nous engager à continuer d'aller de l'avant ensemble. Nous ne pouvons pas revenir en arrière.

Il y a des gens qui demandent aux militants des Droits Civiques : « Quand serez-vous enfin satisfaits ? » Nous ne serons jamais satisfaits aussi longtemps que le Noir sera la victime d'indicibles horreurs de la brutalité policière. Nous ne pourrons être satisfaits aussi longtemps que nos corps, lourds de la fatigue des voyages, ne trouveront pas un abri dans les motels des grandes routes ou les hôtels des villes.

Nous ne pourrons être satisfaits aussi longtemps que la liberté de mouvement du Noir ne lui permettra guère que d'aller d'un petit ghetto à un ghetto plus grand. Nous ne pourrons être satisfaits aussi longtemps que nos enfants, même devenus grands, ne seront pas traités en adultes et verront leur dignité bafouée par les panneaux " Réservé aux Blancs ". Nous ne pourrons être satisfaits aussi longtemps qu'un Noir du Mississippi ne pourra pas voter et qu'un Noir de New-York croira qu'il n'a aucune raison de voter. Non, nous ne sommes pas satisfaits et ne le serons jamais, tant que le droit ne jaillira pas comme l'eau, et la justice comme un torrent intarissable.

Je n'ignore pas que certains d'entre vous ont été conduits ici par un excès d'épreuves et de tribulations. D'aucuns sortent à peine d'étroites cellules de prison. D'autres viennent de régions où leur quête de liberté leur a valu d'être battus par les orages de la persécution et secoués par les bourrasques de la brutalité policière. Vous avez été les héros de la souffrance créatrice. Continuez à travailler avec la certitude que la souffrance imméritée vous sera rédemptrice.

Retournez dans le Mississippi, retournez en Alabama, retournez en Caroline du Sud, retournez en Georgie, retournez en Louisiane, retournez dans les taudis et les ghettos des villes du Nord, sachant que de quelque manière que ce soit cette situation peut et va changer. Ne croupissons pas dans la vallée du désespoir.

Je vous le dis ici et maintenant, mes amis, bien que, oui, bien que nous ayons à faire face à des difficultés aujourd'hui et demain je fais toujours ce rêve : c'est un rêve profondément ancré dans l'idéal américain. Je rêve que, un jour, notre pays se lèvera et vivra pleinement la véritable réalité de son credo : " Nous tenons ces vérités pour évidentes par elles-mêmes que tous les hommes sont créés égaux ".

Je rêve qu'un jour sur les collines rousses de Georgie les fils d'anciens esclaves et ceux d'anciens propriétaires d'esclaves pourront s'asseoir ensemble à la table de la fraternité.
Je rêve qu'un jour, même l'Etat du Mississippi, un Etat où brûlent les feux de l'injustice et de

l'oppression, sera transformé en une oasis de liberté et de justice.

Je rêve que mes quatre petits-enfants vivront un jour dans une nation où ils ne seront pas jugés sur la couleur de leur peau, mais sur la valeur de leur caractère. Je fais aujourd'hui un rêve !
Je rêve qu'un jour, même en Alabama, avec ses abominables racistes, avec son gouverneur à la bouche pleine des mots " opposition " et " annulation " des lois fédérales, que là-même en Alabama, un jour les petits garçons noirs et les petites filles blanches pourront se donner la main, comme frères et sœurs. Je fais aujourd'hui un rêve !
Je rêve qu'un jour toute la vallée sera relevée, toute colline et toute montagne seront rabaissées, les endroits escarpés seront aplanis et les chemins tortueux redressés, la gloire du Seigneur sera révélée à tout être fait de chair. Telle est notre espérance. C'est la foi avec laquelle je retourne dans le Sud.

Avec cette foi, nous serons capables de distinguer dans la montagne du désespoir une pierre d'espérance. Avec cette foi, nous serons capables de transformer les discordes criardes de notre nation en une superbe symphonie de fraternité.

Avec cette foi, nous serons capables de travailler ensemble, de prier ensemble, de lutter ensemble, d'aller en prison ensemble, de défendre la cause de la liberté ensemble, en sachant qu'un jour, nous serons libres. Ce sera le jour où tous les enfants de Dieu pourront chanter ces paroles qui auront alors un nouveau sens : " Mon pays, c'est toi, douce terre de liberté, c'est toi que je chante. Terre où sont morts mes pères, terre dont les pèlerins étaient fiers, que du flanc de chacune de tes montagnes, sonne la cloche de la liberté ! " Et, si l'Amérique doit être une grande nation, que cela devienne vrai.

Que la cloche de la liberté sonne du haut des merveilleuses collines du New Hampshire !

Que la cloche de la liberté sonne du haut des montagnes grandioses de l'Etat de New-York !

Que la cloche de la liberté sonne du haut des sommets des Alleghanys de Pennsylvanie !

Que la cloche de la liberté sonne du haut des cimes neigeuses des montagnes rocheuses du Colorado !

Que la cloche de la liberté sonne depuis les pentes harmonieuses de la Californie !

Mais cela ne suffit pas.
Que la cloche de la liberté sonne du haut du mont Stone de Georgie !

Que la cloche de la liberté sonne du haut du mont Lookout du Tennessee !

Que la cloche de la liberté sonne du haut de chaque colline et de chaque butte du Mississippi !

Du flanc de chaque montagne, que sonne la cloche de la liberté !

Quand nous permettrons à la cloche de la liberté de sonner dans chaque village, dans chaque hameau, dans chaque ville et dans chaque Etat, nous pourrons fêter le jour où tous les enfants de Dieu, les Noirs et les Blancs, les Juifs et les non-Juifs, les Protestants et les Catholiques, pourront se donner la main et chanter les paroles du vieux Negro Spiritual : " Enfin libres, enfin libres, grâce en soit rendue au Dieu tout puissant, nous sommes enfin libres ! ".

CRIMINOLOGIE Débats & réflexions

La Prison d'Alcatraz

C'est une île qui se situe en Californie, dans la baie de San Francisco, qui va devenir l'un des symboles les plus emblématiques de l'ouest des Etats-Unis. C'est en 1775 qu'un explorateur espagnol, Juan Manuel, découvre cette baie au cours de sa navigation. Devant la présence importante d'oiseaux pélicans, il décide de l'appeler « alcatraces » qui désigne en espagnol ancien le nom arabe al-quatras (aigle de mer) donné à cette espèce. Ce n'est que plus tard qu'elle sera baptisée Alcatraz par les américains, faisant référence à un autre oiseau « le fou de bassan » qui ne vit qu'en Amérique du Nord.

L'île mesure environ neuf hectares, elle se trouve à l'est du Golden Gate, célèbre pont de la ville de San Francisco reconnaissable à sa couleur rouge, suspendu par des câbles d'acier. C'est Julian Workman qui est le plus ancien propriétaire de l'île. En 1846, elle lui a été cédée par Pio Pico, le gouverneur mexicain, à la condition que ce dernier construise un phare. Ce n'est qu'ensuite que John Charles Frémont, gouverneur militaire de Californie décide d'en faire l'acquisition pour le compte du gouvernement américain.

Un ordre présidentiel de 1850 décide de faire de cette île une forteresse, afin d'abriter des canons représentant un point stratégique et une réserve militaire pour son armée. L'île est fortifiée entre 1853 et 1859 sous la direction de Zealous Bates Tower, représentant le corps des ingénieurs de l'armée des Etats-Unis. Une fois achevée, la première garnison s'installe au mois de décembre grâce à sa citadelle construite pour abriter 200 hommes en cas de siège. C'est en 1861 que le contingent de soldats a été augmenté avec le début de la guerre de Sécession. C'est également durant cette période qu'elle sert pour la première fois de prison à destination des soldats sympathisants de l'armée confédérée.

Après la guerre, la bâtisse devient vite obsolète et les canons sont retirés. Les travaux pour tenter de la moderniser s'avèrent des échecs. C'est en 1867 que l'on aménage un bâtiment en briques pour en faire une prison militaire qui ouvre ses portes l'année suivante. Il faut dire que sa position d'île, ses courants violents et son eau froide, en font un établissement dont il est difficile de s'échapper. C'est ainsi qu'en 1909, l'armée quitte l'île et transforme Alcatraz en une véritable prison toujours militaire dans un premier temps. La construction d'un grand bloc de béton par les prisonniers eux-même comprend 600 cellules de 4,2 m² (2,7 m sur 1,5 m), une cuisine et un réfectoire. On ajoute jusqu'à son achèvement en 1912 une infirmerie et des bureaux. C'est avec cette construction que la prison est baptisée de son nouveau nom « the rock » (le rocher). Pendant la première guerre mondiale, elle accueille également des prisonniers civils et des objecteurs de conscience. C'est également durant cette période que l'on construit une centrale électrique.

En 1933, le gouvernement transfère la propriété d'Alcatraz au Département de la justice. Géré par le bureau fédéral des prisons, son intention est d'en faire une prison modèle avec un maximum de sécurité. La plupart des privilèges accordés aux prisonniers sont abolis. Un signal fort est envoyé devant la montée de la violence des années 1930 et cette période de prohibition. C'est ainsi qu'elle accueille des prisonniers célèbres comme Al Capone, George « Machine Gun » Kelly, Alvin Karpis (ennemi public n°1), Robert Stroud et Arthur « Doc » Barker et décide d'en faire un lieu de vie pour les gardiens et leurs familles. Tout est mis en œuvre pour que les fonctionnaires chargés de travailler sur le rocher, puissent avoir les mêmes avantages qu'en ville.

Ce sont 1 576 prisonniers qui passent dans les murs d'Alcatraz. Certains d'entre eux n'étaient pas détenus dans ce lieu pour leur crime mais surtout parce qu'ils refusaient d'accepter les règles carcérales des autres prisons fédérales ou simplement parce qu'ils étaient réputés violents. Si on ajoute pour certains un don pour l'évasion, Alcatraz était tout indiqué pour calmer leur volonté de liberté. Sur le rocher, rien n'est laissé au hasard, tout est structuré et les règles sont clairement établies. Quatre droits fondamentaux sont attribués aux prisonniers, manger, être habillés et abrités, recevoir des soins médicaux quand nécessaire. Au fur et à mesure que le prisonnier accepte sa condition, on lui permet de travailler, correspondre avec l'extérieur et recevoir des visites. C'est ainsi qu'Al Capone a travaillé dans une usine de textile pour fabriquer des uniformes. Pour certains, les plus exemplaires, on les autorise à terminer leur peine dans une autre prison fédérale du pays.

De 1934 à 1963, les 29 années où la prison d'Alcatraz a été utilisée par le Département de la justice, 36 prisonniers ont essayé de s'évader. 23 d'entre eux sont repris, six tués par balle et trois se sont enfuis par la mer et n'ont jamais été retrouvés. Deux prisonniers sont exécutés à San Quentin dans la chambre à gaz pour leur implication dans la mort d'un gardien durant leur tentative d'évasion en 1946. « Officiellement », aucun détenu n'a jamais réussi à s'évader. Il faut dire qu'on a su bien entretenir la légende, selon laquelle, la baie serait peuplée de requins. Effectivement, San-Francisco possède des requins, mais aucune espèce n'est dangereuse pour l'homme. Ce qui est surtout redouté est la température de l'eau entre 10 et 12 degrés ajoutés aux courants violents qui entrainent vers le large.

Une jeune fille en 1934 réussit la traversée, pour prouver aux autorités fédérales que l'exploit est tout à fait possible. Plusieurs nageurs par la suite vont réussir le même exploit conforté, le 22 mai 2006, par le courage d'un jeune garçon de sept ans. Il effectue la traversée en quarante-sept minutes. C'est sans doute de cette idée que va naître une épreuve sportive organisée chaque année et fortement encadrée « Escape from Alcatraz » (l'évasion d'Alcatraz). Une personne entraînée et conditionnée peut sans doute survivre à l'eau froide et parcourir la distance de la traversée tout en remontant les courants. En revanche, pour les prisonniers qui n'ont aucun entraînement, aucun contrôle sur leur régime alimentaire et pas de conditions de vie optimales, les chances de succès sont faibles. De plus, l'administration pénitentiaire faisait prendre systématiquement des douches chaudes aux détenus afin qu'aucun d'entre eux ne puisse s'accoutumer à l'eau froide.

Robert Kennedy, frère de John Fitzgerald et procureur général des Etats-Unis, décide le 21 mars 1963 la fermeture de la prison d'Alcatraz. Les coûts de gestion sont trop importants pour en permettre sa survie. C'est le pénitencier de Marion qui est choisi pour remplacer « le rocher ». Situé dans l'Illinois, un état du Midwest dont la capitale est Springfield, il est connu également pour avoir sur son territoire sa plus grande ville : Chicago.

Plusieurs idées voient le jour pour tenter d'utiliser Alcatraz, comme construire un bâtiment pour les nations unies, installer une statue de la Liberté ou encore le transformer en complexe hôtelier. Mais c'est surtout en 1973, lorsque l'île est ouverte au public, qu'on assiste à un véritable engouement pour les lieux. En 1976, c'est son classement sur le National Register of Historic Place (Le Centre des monuments nationaux), un établissement officiel placé sous la tutelle du gouvernement fédéral des États-Unis, qui conserve, restaure, gère, anime et ouvre à la visite l'ensemble des monuments qui en fait un des lieux touristiques les plus fréquentés de San Francisco. Ce n'est pas moins d'un million de visiteurs chaque année qui prend les navettes pour rejoindre l'île à raison d'un départ toutes les trente minutes. L'île permet d'apprécier la vue sur la ville, la baie et le Golden Gate Bridge. En outre, elle est également un sanctuaire pour les oiseaux.

Au cinéma, la prison inspire de nombreux films. Clint Eastwood choisit le décor pour le troisième volet de l'inspecteur Harry en 1976 dans « L'inspecteur ne renonce jamais ». Mais c'est dans un rôle phare qu'il reviendra en 1979 dans « L'évadé d'Alcatraz » de Don Siegel. « Meurtre à Alcatraz » en 1995 avec Christian Slater, Kevin Bacon et Gary Oldman. "Rock" en 1996 avec Nicolas Cage et Sean Connery évoque une prise d'otages fictive parmi les touristes qui visitent Alcatraz.

Le 36 quai des Orfèvres

La « Crim » comme on l'appelle le plus souvent et qui correspond à la brigade criminelle est bien plus qu'une institution judiciaire, c'est une réserve d'histoires connues ou méconnues qui ont rendu célèbres de nombreux auteurs, un véritable puits de romans en tout genre. Comment aurions-nous pu nous passer de Georges Simenon avec son Maigret ou encore de Roger Borniche, cet ancien policier devenu écrivain ?

Même si la particularité de Borniche réside dans le fait qu'il n'ait jamais fait partie du 36 quai des orfèvres dépendant de la Préfecture de police. Roger Borniche quant à lui travaillait rue des Saussaies à la Direction Centrale de la Police

Judiciaire (DCPJ) au ministère de l'intérieur, compétente pour l'ensemble du territoire national, alors que la Police Judiciaire (PJ) qui dépend de la Préfecture de police de Paris est exclusivement parisienne. Il y a sans doute beaucoup à dire sur ce célèbre policier devenu écrivain décédé le16 juin 2020 à l'âge de 101 ans. Il entre dans la police pour échapper au Service du Travail Obligatoire (STO) durant la seconde guerre mondiale, avant de démissionner pour ne pas servir le régime de Vichy. Roger Borniche est réintégré en 1944 et devient inspecteur de la sûreté nationale, après 13 ans de carrière il quitte la police pour devenir détective privé avant de se lancer dans les romans policiers.

Comme disait Louis Jouvet dans le film « Quai des Orfèvres » de Henri Georges Clouzot en 1947 : « La crim c'est ce qui se fait de mieux... ». Au siège de la mythique brigade située au 36 quai des Orfèvres, plus d'une centaine de policiers perpétuent la tradition du travail d'équipe sur les deux étages qui regroupent les différentes brigades. Les meilleurs flics de France comme on aime les appeler réunis sous leur blason centenaire, un chardon, comme pour rappeler : « Qui s'y frotte s'y pique ! ». Ces policiers réunissent près de 70% de taux d'élucidation. De nombreux criminels se sont frottés aux « seigneurs du 36 » comme certains aiment les appeler. Ils ont gravi les marches de ce lieu magique, avant pour certains de gravir celles de l'échafaud.

Au début du 20ème siècle, Paris est un véritable coupe-gorge et bien que la « crim » ait aujourd'hui une bonne renommée, sa création a été pour le moins chaotique. L'insécurité est au centre des débats politiques. Le préfet de la Seine, Louis Lépine, qui donna entre autres son nom au fameux concours récompensant les inventions, est vivement critiqué par le conseil municipal de la capitale. La bande à Bonnot commence à faire parler d'elle, tout comme la bande de gamins, âgés de moins de 20 ans, surnommée « les apaches » qui font couler le sang dans les rues de la capitale.

En 1871, Jules Ferry, quelques mois maire de Paris avant d'être à l'origine de la fameuse loi sur l'éducation, met à disposition de la préfecture de police la caserne de la Cité pour en faire son siège. Cette caserne ayant été bâtie sur l'emplacement de l'ancien marché aux volailles de Paris, le sobriquet de « poulets » est alors donné aux policiers. L'expression s'est ensuite étendue à tout le territoire. Par extension, dans les années 1950 et 1960 le commissariat de police s'appelait « le poulailler », le car de police « le panier à salade », les flics à vélo « les hirondelles ». Et comme ils n'aimaient pas ça, c'était une bonne raison de continuer, ça ne fait de mal à personne...

La brigade criminelle, « la crim », comme on l'appelle dans les centaines de films ou de téléfilms a été créée par décret du 29 juin 1912. Mais elle n'était alors que la première section « BS1 » d'une vaste brigade qui comptait plus de trois cents policiers. La deuxième section « BS2 » était chargée de réprimer les vols et la troisième section « BS3 » s'occupait des escroqueries, abus de confiance, fausse monnaie.

Déjà en 1907, le président du conseil et ministre de l'Intérieur, Georges Clémenceau, crée les brigades régionales de police mobiles. C'est la première fois que des policiers sont motorisés, équipés de véhicules afin d'être à même de poursuivre des individus comme la bande à Bonnot qui effectuent la plupart de leurs larcins en voiture. La plupart du temps, lorsque la brigade à vélo ou à cheval arrivait sur place, les bandits étaient déjà loin. Comment les poursuivre sans un équipement adéquat ? « Les brigades du Tigre » comme on aime les appeler du sobriquet « Tigre » attribué à Georges Clémenceau sont en fait les premiers hommes de la Police Judiciaire (PJ). En 1974, une série télévisée française verra également le jour créée par Claude Desailly et réalisée par Victor Vicas. Le générique « La complainte des Apaches » qui sera rendu célèbre est une chanson d'Henri Djan et Claude Bolling, interprétée par Philippe Clay.

Cinq cents policiers sont recrutés qu'on surnomme les « mobilards ». Dès les premiers mois, ce sont 2 500 arrestations qui sont pratiquées. Mais la criminalité ne cesse d'augmenter et la population commence à paniquer. C'est ainsi que devant le succès des brigades mobiles, le préfet Lépine demande de nouveaux moyens pour les différentes « BS » et obligent les policiers à retourner sur les bancs de l'école pour apprendre les nouvelles techniques d'investigations. Deux cents hommes, des « contrôleurs » sont équipés d'automobiles et, contrairement aux brigades du Tigre, armés de Browning MI900. Ces policiers s'installent alors au 36, quai des Orfèvres, dans le 1er arrondissement de Paris. Pour être déclarés aptes, ils doivent suivre une formation spécifique, dispensée par l'un des pères de la science légale, Alphonse Bertillon en personne, fondateur du premier laboratoire d'identification criminelle et inventeur de l'anthropométrie judiciaire. Ce n'est qu'après l'obtention de leur diplôme qu'ils sont intégrés définitivement.

Durant l'entre-deux guerres, en 1930, c'est Georges Simenon qui le premier va rendre le 36, quai des Orfèvres, célèbre. A l'époque, il est un journaliste de faits divers à « L'Intransigeant ». Il lui arrivait fréquemment de gravir les 148 marches menant aux bureaux de « la Crim ». Simenon menait en parallèle une carrière de romancier et cherchait un personnage pour ses histoires policières. C'est ainsi que nait « Maigret ». Deux modèles pour la création de son personnage : d'abord le commissaire Guillaume, patron de l'époque au 36, surnommé « l'as de la police judiciaire », et le patron de « la Crim » le commissaire Nicolle. Il n'empêche que Simenon a immortalisé cette brigade dont, bizarrement, sans qu'il y eût un rapport avec le personnage de Maigret, de nombreux patrons ont été des fumeurs de pipe. Les deux hommes ont été, sans le savoir, les modèles du romancier pour son personnage. Mais la comparaison s'arrête là comme le racontait le doyen d'âge de « la Crim », Maurice Gouny. Le personnage du commissaire Maigret constitue d'ailleurs le plus grand faux de l'histoire de la brigade. Il est un homme seul, alors qu'à « la crim », il n'y a que le travail d'équipe qui compte.

Guillaume prend sa retraite en 1937 et publie ses mémoires en feuilleton dans Paris-Soir, une première. La période sombre durant la Seconde guerre mondiale où certains policiers fréquentent d'un peu trop près les autorités allemandes laisse de nombreuses traces indélébiles au 36, quai des Orfèvres. Il est urgent d'agir au plus vite pour donner un nouveau souffle à la lutte contre la criminalité qui se réveille, profitant du chaos généré par l'après-guerre. Notamment Emile Buisson, pour n'en citer qu'un, arrêté par Roger Borniche. C'est tout de suite après la Libération, afin d'éviter toute confusion avec les sinistres brigades spéciales de Vichy qui traquaient les résistants et les juifs, que la « BS1 » devint la Brigade Criminelle. M. Pinault en prit la direction le 22 août 1944. On se battait encore contre les Allemands dans la banlieue parisienne ! Il occupa donc à son tour le fameux bureau 315, une vaste pièce aux deux larges fenêtres qui donnent sur la Seine et la place Dauphine.

La « crim » n'échappe pas à la règle. Comme de nombreux services de police, elle possède son jargon et son surnom. Elle est souvent appelée « la brigade des costumes », car longtemps, et encore parfois aujourd'hui, ses hommes ont porté le costume cravate, sans doute par respect mais aussi car lorsqu'une affaire tombe, les enquêteurs ne savent jamais où ils vont atterrir. Tout comme « le chien du commissaire » surnom donné à l'adjoint du commissaire ou son secrétaire. « Dérouiller ». Lorsqu'un service de la crim est saisi on dit qu'il dérouille. La « doublure » désigne un groupe d'astreinte au sein d'une permanence assez complexe, afin d'assurer une disponibilité de 24 heures renouvelée tous les 9 jours.

Le « crâne » c'est lorsque les hommes de la crim arrêtent un criminel. Ils disent qu'ils ont fait un « crâne ». Le commissaire Massu était surnommé « l'homme aux 3 257 crânes ». Le « coup de la moquette » est tenté lorsque les policiers n'arrivent pas à faire avouer un suspect. Les hommes de la brigade l'emmènent dans le bureau 315, celui du patron, plus confortable, avec des fauteuils et de la moquette. Ce lieu est censé être plus propice aux confidences. Le « procédurier » est sans doute l'un des éléments les plus importants dans une enquête. Il est responsable des constatations sur la scène de crime et note tout, afin que chaque étape de la procédure puisse être relue et respectée lors de l'établissement des procès-verbaux.

La « crim » va connaître une énorme notoriété avec des arrestations célèbres comme celle de Violette Nozière en 1933, ou encore celle du docteur Petiot en 1944, Lucien Léger en 1964. Les policiers ont eu affaire également avec des personnages pour le moins atypiques comme Issei Sagawa, surnommé ensuite « le cannibale japonais », mais aussi des affaires difficiles à résoudre. Ainsi, celle de Thierry Paulin qui avait assassiné 28 personnes âgées a sans doute été l'une des plus spectaculaires. Décédé du Syndrome d'Immuno Déficience Acquise (SIDA) le 16 avril 1989, avant son procès, seuls ses aveux passés devant la « crim » et le juge d'instruction en ont fait un coupable. Durant les années 1991 à 1998 ce sera le tour de Guy Georges, le tueur de l'est parisien. Entre temps, en 1994 ce seront Florence Rey et Audry Maupin « les tueurs de flics » qui vont leur mener la vie dure durant une nuit entière de course-poursuite qui verra la mort d'un des tueurs, Maupin.

Le travail est vaste, et c'est peu dire. En 1995, c'est une vague d'attentats qui frappe la capitale, revendiqués par le Groupe Islamique Armé (GIA). En 1997, ils doivent également gérer l'accident mortel de Lady Diana survenu sous le pont de l'Alma. En 2006, c'est l'affaire du « gang des barbares » et de son chef Youssouf Fofana qui a torturé, avant de l'assassiner, le jeune Ilan Halimi, de confession juive, et forcément riche aux yeux de cette brute. Difficile de résumer toutes les affaires, tant elles sont nombreuses. Et puis un jour, les hommes de la « Crim » apprennent qu'ils vont déménager, vers de nouveaux locaux plus modernes et équipés des nouvelles technologies. C'est avec une certaine tristesse que ces hommes quittent ainsi ce lieu mythique.

Le 24 août 2017, la « Crim » rejoint ses nouveaux locaux situés rue du Bastion, dans le 17ème arrondissement. Pour l'occasion et pour rendre hommage à l'ancienne adresse, elle s'installe au 36, bien que la numérotation d'origine ne le permît pas. Ainsi les hommes pourront continuer à dire qu'ils bossent « au 36 » Le nouveau « 36 » est inauguré le 19 octobre 2017. Seule la Brigade de recherche et d'intervention (BRI) conserve son implantation au quai des Orfèvres…

CRIMINOLOGIE Débats & réflexions

Le Fichier National des Empreintes Génétiques

C'est le 25 avril 1953 que James Watson découvre une molécule présente dans toutes les formes vivantes. Elle est responsable notamment du développement des organismes, mais également des hérédités. Il faut attendre 1985 pour qu'elle prenne ses lettres de noblesse : ADN (Acide Désoxyribonucléique Naturelle).

En 1995, dix ans après sa découverte, l'ADN n'est utilisé que pour effectuer des comparaisons directes entre un profil issu d'une trace et un profil d'un suspect. C'est l'Angleterre qui sera le premier pays à introduire une base de données nationale en 1995. La France suivra quelques années plus tard avec la loi du 17 juin 1998 relative à la répression des infractions de nature sexuelle. Cette loi prévoit l'enregistrement et la comparaison des profils ADN des délinquants sexuels et des traces relevées sur des crimes sexuels : le FNAEG (Fichier national des empreintes génétiques) est alors créé. La création de ce fichier est sans doute la conséquence de l'affaire du « tueur de l'est Parisien » qui a été confondu par son ADN puis arrêté le 24 mars 1998 après un parcours criminel de plus de sept ans.

La loi du 17 juin 1998 rédigée quelques mois après l'affaire Guy Georges est à l'origine de la création du Fichier National Automatisé des Empreintes Génétiques (FNAEG). Au départ, le champ d'application de ce fichier est limité aux seuls délinquants sexuels. Ce champ d'application s'étend avec la loi du 15 novembre 2001 qui permet d'enregistrer les profils génétiques des individus condamnés pour des crimes graves contre les personnes. La loi prévoit aussi de sanctionner les refus de signalisations des personnes condamnées. Deux ans plus tard, le fichier reste peu exploité puisqu'il ne comporte qu'environ 4000 profils génétiques issus d'individus et 270 profils génétiques issus de traces. C'est la loi sur la sécurité intérieure du 18 mars 2003 qui va apporter les changements législatifs nécessaires à une meilleure exploitation du FNAEG. Cette loi prévoit en effet la possibilité d'enregistrer les profils génétiques des individus condamnées ou mis en cause dans tous les crimes et délits d'atteintes aux biens ou aux personnes.

Cette dernière loi prévoit aussi de considérer le refus de prélèvement ADN comme un délit punissable d'un an d'emprisonnement et de 15 000 euros d'amende ou de 2 ans d'emprisonnement et 30 000 euros d'amende lorsque la personne est mise en cause pour un crime. Bien que la sanction encourue soit importante, des individus ou associations, souvent engagés politiquement ou de manière associative, n'hésitent pas à refuser ce prélèvement avec des arguments qui démontrent une méconnaissance totale du processus d'exploitation de leur prélèvement.

Ainsi les réfractaires n'hésitent pas à s'indigner que leur prélèvement puisse servir à des groupes d'assurance mal intentionnés ou que celui-ci revient à ficher une partie de leur famille. Or, ce ne sont que des résultats d'exploitations qui sont enregistrés (soit les allèles de 15 marqueurs génétiques) dans un fichier très sécurisé. Les résultats se présentent sous la forme d'un profil génétique qui résulte de l'exploitation d'une infime partie de notre génome (3000 nucléotides analysés soit environ un millionième de notre génome !). De plus les marqueurs analysés sont « non codants » (hormis pour le marqueur du sexe). Même si l'on admet aujourd'hui que ces zones peuvent avoir une fonction dans notre organisme, les études ne sont pas en mesure d'en déterminer le rôle exact et surtout « L'examen des caractéristiques génétiques d'une personne ne peut être entrepris qu'à des fins médicales ou de recherche scientifique » comme le stipule l'article 16-10 du code civil. Enfin la recherche d'un ADN « parent » ne permet pas d'effectuer directement une identification et ne s'effectue que sur des cas très exceptionnels Dans l'affaire Elodie Kulik, son violeur assassin sera confondu grâce à la technique de la parentèle, en effet, Grégory Wiart, l'auteur du viol de la banquière de Péronne est identifié grâce au sperme retrouvé dans un préservatif, non fiché, c'est grâce à un pourcentage raisonnable appartenant au profil de son père, connu des services de police, que le fils sera confondu. Afin d'apporter une preuve formelle, on va exhumer le corps de Grégory Wiart décédé depuis pour une comparaison à 100%. La complexité d'une telle recherche ne permet pas d'envisager l'emploi de cette méthode dans des analyses de routine.

Bien qu'un prélèvement ADN sur une personne qui a commis un tag ou une dégradation légère puisse paraître disproportionné, le refus de prélèvement reste régulièrement condamné. Les peines prononcées sont bien loin de celles prévues par la loi qui se veut avant tout dissuasive.

Lorsqu'un individu refuse la signalisation, aucun prélèvement sur sa personne ne peut être réalisé contre son gré. Cependant, la France prévoit le prélèvement par « ruse » sur du matériel biologique abandonné par un suspect au cours de sa garde à vue comme cela a pu être réalisé dans l'affaire du groupe de Tarnac suspecté d'avoir saboté des lignes de TGV. Les traces ADN ont été prélevées sur des composants des engins explosifs dont les débris ont été retrouvés sur place et autour du lieu de l'explosion. Il est en revanche tout à fait possible pour tous les mis en cause qui ont bénéficié d'un classement sans suite, d'une relaxe, d'un non-lieu ou d'un acquittement de demander l'effacement de leur profil génétique par lettre recommandée au Procureur de la République.

Le kit de prélèvement utilisé est le kit FTA (Fast Technology for Analysis -Technologie rapide pour l'analyse-). Ce kit, utilisé par toutes les unités de police et de gendarmerie contient dans une pochette stérile les différents éléments utilisés : gants, masque, nappe en papier stérile, tige cotonnée stérile, papier de cellulose sur lequel sont déposées les cellules des muqueuses internes des joues, sachets dessiccateurs et enveloppe de conditionnement. L'opération de prélèvement dure quelques minutes pendant lesquelles l'opérateur va frotter la tige en coton sur les parois buccales du suspect, permettant l'arrachage de plusieurs cellules de la muqueuse buccale. La tige en coton est apposée sur un papier spécial qui a la capacité de casser les cellules et de libérer l'ADN pour le fixer dans le papier tout en neutralisant les bactéries. Le papier FTA, conditionné dans une enveloppe papier, pourra ensuite être traité de manière automatisée dans un laboratoire en vue d'établir un profil génétique et de le transmettre pour comparaison et intégration au FNAEG.

Le prix unitaire d'un kit FTA est d'environ 9 euros TTC et le prix d'une extraction de profil par un laboratoire public, dans ces conditions, avoisine les 70 euros. L'alimentation du FNAEG a donc un coût non négligeable par rapport à l'alimentation du FAED (Fichier Automatisé des Empreintes Digitales) qui s'effectue à l'aide de fiches encrées. Le coût d'une analyse de traces biologiques oscillera lui entre 180 et 400 euros en fonction de la difficulté de l'analyse.

Même si la trace ADN est désormais la reine des preuves, mieux que l'aveu, elle représente parfois un danger dans son interprétation, l'hypothèse du transfert, qui peut intervenir à plusieurs stades de l'exploitation de la trace ADN. Tout d'abord, dans la vie courante, il apparaît évident que les échanges d'ADN involontaires interviennent perpétuellement. Il suffit que les deux protagonistes aient touché le même objet, comme une poignée de porte par exemple. De plus, certains éléments, comme les cheveux, sont très volatiles et peuvent donc se déposer n'importe où.

Ensuite, au stade du prélèvement et de l'analyse, dans le cas du prélèvement de vêtements d'une victime par exemple, ces derniers sont placés sous scellés, parfois sans avoir été séparés au préalable. Les différentes parties des vêtements étant alors en contact, les transferts sont alors inévitables. De plus, et même dans le cas où les vêtements sont séparés, un seul vêtement plié transfère l'ADN d'un endroit du vêtement à un autre, rendant l'exploitation d'un tel élément totalement biaisé. Le conditionnement et le transport de scellés constituent une possibilité de contamination à ne pas négliger, particulièrement dans la mesure où les détails précis concernant ces procédures ne sont pas toujours mentionnés dans les procès-verbaux.

Mais au-delà des idées préconçues erronées émises par l'opinion publique, le risque se situe dans la conviction par des membres de la sphère judiciaire, que la force de l'ADN est irréfragable. En effet, on retrouve, parmi les officiers de police judiciaire, certains magistrats ou des avocats notamment, une certitude pour le caractère incontestable de l'ADN. Il va de soi que de telles opinions, en plus de n'être fondées que sur des croyances, ne sont pas pertinentes, et peuvent aller à l'encontre de la bonne exécution de la justice, et surtout de la recherche efficiente de la vérité.

À cet égard, Maître Patrice Reviron, avocat au Barreau d'Aix-en Provence, estime : « Mais parfois l'expertise ADN est totalement erronée. Elle peut être alors la source redoutable d'erreurs judiciaires qui sont d'autant plus difficiles à détecter que la fiabilité accordée aux expertises génétiques est presque absolue ».

Ces considérations doivent être prises au sérieux, à plus forte raison parce que la matière pénale est porteuse d'un poids particulier. Dans des cas de crimes et de délits notamment, les expertises ADN peuvent être employées à charge. L'enjeu pour la personne mise en cause est alors extrêmement important, puisqu'elle risque une peine de privation de liberté. Précisément, lorsque l'enjeu est tel, il semble essentiel de procéder avec la plus grande des attentions quant à la qualité des éléments de preuve employés.

Les erreurs judiciaires au cinéma

Le cinéma est avant tout un spectacle, mais un spectacle médiatique, surtout lorsqu'il traite d'affaires criminelles. Si l'enquête sur la résolution d'un meurtre piétine, elle devient du pain bénit pour certains réalisateurs ou producteurs en mal de sensation. Le plus souvent la fiction en profite pour dénoncer au passage les difficultés de la justice à faire jaillir la vérité.

Lorsque le long métrage sort sur les écrans de cinéma ou de télévision, la polémique refait surface, aidée par les journaux qui en profitent pour ressortir le résumé de l'affaire. Certains critiques qui, la plupart du temps, ont eu le privilège de voir le film avant, s'exercent à comparer la fiction avec les faits réels, ils en soulignent les rapprochements, les doutes et parfois les incohérences. L'affaire renaît, plus sensationnelle et plus belle que jamais, créant de toutes pièces une nouvelle cause nationale avec ses partisans et ses détracteurs qui s'affrontent violemment par presses et foules interposées.

Ainsi, les opinions se déchaînent, les spectateurs deviennent jurés, le temps d'une diffusion. Loin d'avoir pu assister aux débats lors du procès d'assises, ils sont persuadés de détenir la vérité. Pourtant, il leur suffirait d'un peu de bon sens pour admettre que la vision d'une fiction n'a rien à voir avec la réalité des faits. Souvent parce que le scénariste ou le réalisateur y fait passer un message, SA vérité. Dans un procès d'assises, la difficulté d'un juré, qui n'est pas un juriste, est d'échapper à la pression, à la lecture des médias et à l'éventuelle influence des professionnels. Au cinéma ou à la télévision c'est plus compliqué, il n'est nul besoin d'imaginer les scènes telles que décrites dans l'acte d'accusation, elles défilent sous nos yeux. Si on ajoute à cela le talent des acteurs, on tombe vite dans le piège de la pensée unique celle de l'auteur du film, mais aussi à celui de l'émotion suscité par les images.

Au cinéma, les grands procès permettent de prolonger le débat, surtout lorsque l'affaire se révèle du domaine de l'erreur ou lorsque le doute persiste après la condamnation. Le tribunal a tout de suite passionné les crayonneurs avant de faire l'objet de reconstitutions cinématographiques. Si l'on examine les sources possibles, on constate que la possible erreur judiciaire semble découler d'un certain nombre d'éléments, le plus souvent voulus pour la fiction, adroitement menés pour convaincre un public parfois incrédule.

Au cinéma, plusieurs films ont chacun à leur manière, soit dénoncé une erreur judiciaire, soit reflété le sentiment d'insatisfaction laissé par le verdict qui n'a pas éteint le doute. On constate que la reconnaissance de l'erreur judiciaire est rare. Parfois, des films polémiques se font les témoins d'un doute persistant dans l'opinion : l'affaire Dominici, l'affaire Ranucci, l'affaire Seznec, mais ne peuvent pas donner de solution judiciaire. Attestant le caractère exceptionnel de l'erreur judiciaire, seules huit erreurs ont été reconnues en France depuis 1945.

Certes, le cinéma peut, dans certains cas, montrer les faiblesses d'un système judiciaire qui pourtant entreprend des réformes à chaque échec pour en limiter les risques. Ainsi, dernièrement dans l'affaire d'Outreau. Le 7ème art toutefois, ne doit pas se substituer à la justice, pour une raison évidente : la vérité ne peut être détenue par un seul homme, le réalisateur ou le scénariste, parfois les deux. Et pour cause. Ils n'étaient pas présents au moment de l'enquête et n'ont pas assisté aux différents actes de procédure. Le plus souvent ils se sont basés sur les articles de la presse écrite ou des témoignages parfois aléatoires. Une vérité à laquelle ils croient devient, petit à petit, la vérité qu'ils veulent montrer au public vu par le miroir déformant du cinéma. Ils se permettent quelques fois de refaire le procès basé sur leurs convictions. Et le public se laisse souvent influencer. Le film n'établit pas forcément l'innocence, il lui suffit de créer un doute sur la culpabilité et le public adhère. Le réalisateur le sait très bien et c'est pour cette raison qu'il choisit avec soin ses interprètes.

L'erreur judiciaire offre au cinéma un merveilleux scénario qui passionne les foules, avec ses morts, ses suspects, ses prétoires où se confrontent juges et avocats en effets de manches ostentatoires, ses auditoires où s'entassent plaignants, parents, curieux et journalistes, et avec son immense et long suspense jusqu'à ce qu'éclate la fin ultime. Assuré d'un succès garanti, le cinéaste doit seulement se demander comment aborder l'erreur judiciaire, distiller le doute et démontrer la culpabilité ou non dans l'affaire criminelle traitée. L'ordre filmique présentement choisi est le plus souvent chronologique : c'est celui des affaires et non des sorties cinématographiques.

Dans l'affaire Dreyfus, un officier alsacien de confession juive est accusé de communiquer des informations militaires aux prussiens (allemands). Malgré la source pour le moins discutable de la trahison supposée, le gouvernement préfère étouffer l'affaire alors que le vrai coupable, le commandant Esterhazy, raconte à la presse qu'un officier juif accusé de haute trahison, bénéficie de protections. Après la presse et le célèbre article d'Emile Zola « J'accuse ! », pour lequel ce dernier sera condamné, le cinéma s'empare aussi de l'affaire avec Georges Méliès en 1899. Le cinéma intervient comme un nouvel Art dans un souci de défendre l'accusé. Mais il faudra attendre longtemps après la réhabilitation de Dreyfus pour que le cinéma français s'empare à nouveau du sujet.

D'abord avec « L'Affaire Dreyfus » un film pour la télévision en deux parties pour une durée totale de 3h23 réalisé par Yves Boisset en 1995. C'est l'acteur Thierry Frémont qui prend les traits d'Alfred Dreyfus, tandis que Pierre Arditi endosse celui du commandant Esterhazy. Le film obtient le grand prix du scénario au festival de télévision de Monte-Carlo la même année. En 2019 c'est le réalisateur Roman Polanski qui décide de traiter du sujet avec « J'accuse » qui fait référence au célèbre article d'Emile Zola. Son approche est différente, au lieu de concentrer son long métrage sur Alfred Dreyfus interprété par Louis Garrel, il préfère se raconter cette histoire à travers le colonel Marie-Georges Picquart interprété par Jean Dujardin, celui qui s'est battu contre sa hiérarchie pour faire admettre l'innocence du capitaine. Le film remporte trois récompenses à la cérémonie des cesar de février 2020, la meilleure réalisation, les décors et l'adaptation, en l'absence de son réalisateur et de l'équipe du film. Au moment de la proclamation du César de la meilleure réalisation, l'actrice Adèle Haenel, qui avait raconté il y a quelques mois avoir été abusée sexuellement dans le milieu du cinéma à l'âge de 12 ans, a quitté la salle en signe de protestation, de même qu'une dizaine d'invités. Dans une récente interview au New York Times, Adèle Haenel avait estimé que récompenser Roman Polanski s'apparenterait à un « crachat » pour les victimes d'agressions sexuelles.

Pour l'affaire Guillaume Seznec, accusé de s'être débarrassé de son associé et conseiller général, Pierre Quemeneur, lors d'un voyage pour livrer une voiture à Paris, c'est la télévision qui prend le relais avec le téléfilm d'Yves Boisset en 1993. Christophe Malavoy joue le rôle de Seznec et Jean Yanne celui de Quemeneur. L'affaire prend une tournure politique. Les différentes demandes de révision demandées par son petit-fils ont toutes échouées. Le film nous présente un Seznec innocent, construit sur l'impossibilité de sa culpabilité, thèse ne faisant aucun doute pour le réalisateur, ce qui une fois de plus est déplorable pour le spectateur qui se trouve influencé par l'œuvre.

En 1972, Claude-Bernard Aubert réalise un film sur une grande affaire criminelle d'après-guerre « l'affaire Dominici ». Le 5 août 1952, on retrouve une famille d'Anglais, les Drummond, assassinés au bord de la nationale 96, le père, la mère et leur fille. Les soupçons se tournent vers la ferme de la

Grand' terre, bastion des Dominici. Le 14 novembre 1953, après des recherches à rebondissements, des aveux sont obtenus de Gaston Dominici. Ils seront vite rétractés. Le doute subsiste, l'opinion s'en mêle. L'affaire devient le symbole de l'erreur judiciaire. Il faut dire qu'elle présente tous les ingrédients du film policier : les aveux du père, les accusations des deux fils qui accablent celui-ci, les paroles sibyllines de l'accusé qui déclare : « Je viens de commettre un péché d'amour. Sans moi, il serait arrivé malheur à la Grand' Terre ».

Bernard-Aubert a souligné les insuffisances de l'enquête, il se défend toutefois de penser Dominici innocent, rejoignant l'opinion de Jean Giono : « Je ne dis pas que Gaston Dominici n'est pas coupable, je dis qu'on ne m'a pas prouvé qu'il l'était ». Jean Gabin qui endosse le rôle de Gaston Dominici avoue qu'il a vécu une expérience bouleversante en essayant de faire revivre Dominici avec dignité. Passionné par le rôle, Gabin contrôle tout, vérifie tout, et s'assure que les répliques figurent dans les minutes du procès. Il a voulu que maître Emile Pollak supervise le film. Pour Gabin, le drame reste une énigme policière. C'est d'ailleurs le doute qui alimente la problématique du film.

Les réalisateurs et auteurs parfois laissent planer le doute sur la culpabilité ou l'innocence de l'accusé dans une affaire jugée. D'autre fois, et c'est là que réside le danger, c'est lorsque leur conviction personnelle dépasse de loin l'entendement de la vérité et surtout des mensonges utilisés pour convaincre le spectateur. Le film « Le pull-over rouge » en est un exemple flagrant et dangereux.

Le film de Michel Drach relate le parcours d'une enquête qui paraît étrange et qui conduit, le 28 juillet 1976, un garçon de 22 ans à l'échafaud. Christian Ranucci est accusé d'avoir enlevé et assassiné la petite Marie-Dolorès Rambla âgée de 8 ans. Le réalisateur ose affirmer à l'écran qu'aucune autopsie n'a été réalisée sur le corps de la gamine, pour accréditer la possible innocence du jeune homme. C'est une dérive osée et dangereuse, orchestrée par un combat contre la peine de mort où l'affaire n'a servi qu'à convaincre les partisans du châtiment suprême de son inutilité. Il faudra des années pour que beaucoup de personnes se rendent compte qu'il s'agit sans doute de l'une des plus grandes escroqueries cinématographiques, orchestré par le livre de Gilles Perrault qui prudent n'a pas osé aller aussi loin que le réalisateur, ce qui n'empêchera pas la condamnation de l'écrivain.

Pourtant, des années après, le public se laisse encore berner par ces films orientés vers un avis unique. L'un des derniers en date est « Omar m'a tuer » sorti le 22 juin 2011, qui retrace le crime d'une riche héritière, Ghislaine Marchal, retrouvée morte le 24 juin 1991 dans la cave de sa villa de Mougins. Des lettres de sang sur la porte de la chaufferie « Omar m'a tuer » accusent son jardinier

Omar Raddad. Là encore, le réalisateur et acteur principal du film, Roschdy Zem, livre son interprétation qui ne laisse aucun doute, à son sens, sur l'innocence d'Omar Raddad. Une fois de plus, le spectateur est manipulé dans cette fiction. On lui fait bien comprendre qu'il est inutile qu'il réfléchisse. Le scénariste qui s'est appuyé sur un livre écrit par un académicien, Jean-Marie Rouart, l'a fait pour lui. Mise au rencard des actes de procédures et de toutes les preuves de la culpabilité. Dans le film, Omar est innocent, il est donc inutile de les montrer.

Pour conclure, ces quelques exemples montrent la puissance de l'image. Très tôt, le cinéma devient engagé et manifeste ouvertement son opinion dans le traitement cinématographique. L'idée du spectateur se fait en grande partie par son interprétation personnelle de l'affaire judiciaire au vu de la version proposée par le cinéaste. Si les grandes affaires au cinéma et dans la réalité restent un sujet délicat, leur attrait est toujours incontestable.

Pour quelle raison alors, le public se déplace pour voir ces films ou assiste à leurs diffusions à la télévision ? Cela s'explique simplement par l'attirance du public pour le crime en général qui exerce une sorte de fascination. Ce même attrait tout aussi fort du même public pour les supposées erreurs judiciaires qui permettent de mettre en cause le pouvoir en général, l'institution judiciaire en particulier. Ce sentiment est moins marqué si on se contente de raconter une histoire connue sans remettre en question le verdict de culpabilité.

Comme indiqué précédemment, lorsqu'une bonne interprétation est montrée à l'image, l'émotion s'installe et la raison prend la fuite. La capacité de certains à mentir, à déformer les faits, comme dans « le pull-over rouge », ce qui revient alors à dire que l'on ne respecte pas son public. Il s'agit là, le plus souvent, de faire du fric. Quelquefois, mais c'est plus rare, de faire avancer une cause.

Le cinéma présente l'avantage de montrer souvent plusieurs facettes de l'enquête et une vision globale du procès. Il fait parfois appel à des éléments incohérents qui choquent parfois les professionnels de l'enquête, mais achèvent souvent de convaincre le spectateur. Même si on précise toujours qu'une bonne fiction a toujours une part de réalité, il est primordial pour que le divertissement soit toujours apprécié à sa juste valeur de ne pas accorder trop d'importance à la vision du réalisateur et de garder un avis critique personnel, le cinéma doit nous divertir mais pas nous influencer…

Débats de société

CRIMINOLOGIE Débats & réflexions

Crime et opinion publique

L'opinion publique représente une force que les politiques successives ne peuvent ignorer, elle est redoutée, implacable et souvent aveuglée par des sentiments forts qui ne lui permettent pas de juger en toute sérénité.

Le système pénal actuel est régulièrement décrié et blâmé. Pourtant, on admet volontiers que c'est la seule institution à l'heure actuelle qui permet aux citoyens d'avoir un minimum d'ordre et de sécurité. Le manque d'efficacité perçu par l'opinion publique réside dans la complexité mise en œuvre pour garantir une justice, aussi bien pour la victime que pour l'auteur de l'infraction, du délit ou du crime. La mécanique policière comme judiciaire semble aux yeux de cette opinion se gripper bien souvent, les différents engrenages ne fonctionnent pas toujours très bien et il est difficile au quotidien d'expliquer à sa population que l'auteur d'un crime doit être relâché, manque de preuves dans un cas, vice de procédure dans l'autre. Pourtant ce sont ces mêmes défauts qui garantissent une justice à un Etat de Droit.

Au gré des crimes qui sont commis, l'opinion publique dénonce, à tort ou à raison, une montée vertigineuse de la violence. Cette montée augmente potentiellement la peur parmi les populations. Une méfiance s'installe de plus en plus entre citoyens, le criminel tel que nous le connaissions dans le passé n'a plus de visage, il peut être tout le monde, il est partout et nulle part à la fois.

La peur du crime peut parfois présenter des effets inattendus comme nous avons pu le voir dans le rapport Figgie (Le discours de la ville New-Yorker numéro du 13 octobre 1980 par Ian Frazier). Ce rapport affirme que les Américains sont devenus impuissants à combattre les crimes. Pire encore, la population s'est résignée devant l'augmentation constante des attaques à mains armées, des viols et agressions en tout genre. Le sentiment de sécurité est fortement ébranlé, les liens sociaux s'amenuisent. Si on ajoute à ce phénomène, la possibilité donnée par la constitution américaine de posséder une arme pour se défendre, les individus continuent de s'isoler pour prendre en main leur propre protection. Ils sont encouragés parfois par les agents pénaux qui ne peuvent assumer leurs propres responsabilités comme ceci s'est produit en 1982 à Los Angeles et dans l'Etat de Miami. Ce qui, soit dit en passant, n'est guère rassurant.

La seule façon, selon certains hommes politiques français est de faire changer « la peur » de camp. L'application des peines pénales strictes ou des peines dissuasives significatives pour éviter la récidive. Actuellement, l'opinion publique est persuadée que l'auteur d'un crime ou délit ne craint pas la sanction ; il sait qu'il ne fera pas sa peine jusqu'au bout et que par le mécanisme des remises de peine, il sera de toute façon libre bien avant la fin de la sanction prononcée. D'autres considèrent que la prison ne donne pas la punition escomptée, que trop d'avantages restent acquis durant le temps de l'incarcération. Il est vrai que la prison s'est métamorphosée avec les années. Autrefois le bagne promettait une peine difficile et sévère, aujourd'hui le bien être des prisonniers avec gymnase et télévision semble adoucir une partie de la punition, même si la privation de liberté reste de mise. Cet état de fait est souvent décrié par l'opinion publique.

Quoiqu'elle en pense, ce n'est pas fait d'avoir mené au fil des années des politiques de réinsertion sociale ou d'avoir mis en place des groupes pour combattre les organisations criminelles pour un succès plus que mitigé. A ses yeux, le travail qui est effectué est de toute façon, toujours insuffisant. La crainte pour l'opinion publique agit comme une pression sur les autorités. Elle oblige les dirigeants à prendre sans cesse de nouvelles mesures, de plus en plus dures, pour éradiquer le crime sous toutes ses formes. Comme les pratiques sont susceptibles d'évoluer plus rapidement que les lois, les juges sont donc sensibles aux rumeurs et aux protestations des citoyens. Mais sans doute pas assez aux yeux de ces derniers qui estiment que, d'une façon générale, les tribunaux se montrent beaucoup trop indulgents dans les sentences qu'ils prononcent contre ceux qui sont reconnus coupables de crimes.

Pour alimenter ce sentiment de révolte, il existe un accélérateur, la Presse. Qui sous des motifs impérieux de vouloir informer attise souvent le feu ardent de la vengeance et de l'injustice. Il ne faut tout de même pas être dupe, et l'opinion publique l'est parfois. Scandalisée par la « une » des journaux, c'est elle également qui est demandeuse des « scoops » à sensation. Pour preuve, le nombre de magazines traitant de ces sujets, ou le nombre d'émissions télévisées suivies par de nombreux fans.

C'est aussi le paradoxe que l'opinion publique rencontre dans cette contradiction. Elle veut savoir et, quand elle sait, se montre scandalisée. Les dernières années, la multiplication des chaînes de télévision qui émettent 24/24 n'ont rien arrangé.

Elles informent certes, ou désinforment. Les actualités sont traitées trop rapidement au gré des informations obtenues qui parfois se traduisent par des démentis ou des précisions. Qu'importe, lorsque l'opinion publique s'est emparée d'une information même sommaire, avant que la correction de cette dernière apparaisse, elle est déjà présente sur les réseaux sociaux, parfois interprétée ou transformée ; elle est loin de la dépêche AFP (Agence France Presse) donnée à l'origine.

On retrouve deux exemples probants, parmi d'autres, que la France a retenus. En 1976, lorsque le journaliste Roger Gicquel prononce au journal de 20h00 cette célèbre phrase « la France a peur », nous sommes en pleine affaire Patrick Henry que l'on vient d'arrêter pour l'enlèvement suivi du meurtre d'un jeune garçon, le petit Philippe Bertrand. À quelques semaines d'intervalles, se tient le procès de Christian Ranucci qui comparait pour le meurtre de la petite Marie-Dolorès Rambla, assassinée le 4 juin 1974. Ce dernier sera d'ailleurs guillotiné le 28 juillet 1976, dans la cour de la prison des Beaumettes de Marseille. Le dérapage d'une certaine presse va atteindre son zénith dans l'affaire du petit Grégory en 1984, que l'on retrouve pieds et poings liés dans l'eau de la Vologne. La presse trop présente commettra de nombreux excès.

Là encore, l'opinion publique en émoi comme à chaque fois qu'un enfant est la victime, se précipite chez le marchand de journaux pour acheter le dernier scoop qui parle de l'affaire, les dernières photos, les derniers articles. Elle s'empresse de se faire sa propre idée sur les faits, réclamant un châtiment exemplaire pour leurs auteurs. Cette opinion publique a certainement été orpheline lors de l'abolition de la peine de mort le 9 octobre 1981.

Toutefois, certains abolitionnistes saluent le progrès humain d'une telle mesure. Les partisans quant à eux se trouvent orphelins d'une justice qui à leur sens n'a pas remplacé la guillotine par une peine aussi sévère. Ceci laisse à penser qu'une perpétuité réelle et incompressible aurait été mieux accueillie. Difficile à savoir, mais retenons bien que l'opinion publique de toute façon ne peut jamais se satisfaire des décisions prises. Elle oublie souvent que chaque fait conditionne notre société, comme l'explique le personnage du film « Le passage » à son fils au travers d'un témoignage vidéo :

« Quand on parle de violence, on ne parle pas seulement de celle qui se voit, des guerres, mais de ces petites miettes de violence qui s'amoncellent chaque jour et qui finissent par former des montagnes ; tu sais, c'est comme ce petit papier de bonbon que tu jettes dans la rue, tu dis que cela ne peut pas faire de mal, et quand tu vois une décharge municipale tu te demandes comment une telle montagne d'ordures peut se former et brusquement tu penses à ton papier de bonbon, petit, et tu comprends pas. Et la violence dans la vie c'est comme un papier de bonbon, tu t'aperçois de l'importance qu'elle a que quand elle est au pluriel. Mais le plus grave dans tout cela c'est que dans la vie, malgré le fait que tout le monde puisse voir la décharge municipale, ils continuent de jeter leurs papiers de bonbons, parce que les ordures, une fois qu'elles sont brûlées on ne s'en souvient plus et ils oublient aussi rapidement les images de guerre ou des faits divers qu'on voit à la télé... »

Face à la violence personne n'est à l'abri et c'est avant tout l'affaire de chacun, c'est ce qui forme cette opinion publique si fragile et influençable. Personne ne peut dire « ça n'arrive qu'aux autres », comme le malheureux client d'une banque pris en otage ou le passant malchanceux qui sera fauché par les dégâts d'une bombe au nom d'une idéologie parfois difficilement compréhensible. C'est ce sentiment de totale impuissance, l'impression d'être sans défense devant les formes les plus violentes de la criminalité qui habite aujourd'hui notre société.

Les différents sondages réalisés par les organes de presse nous montrent des populations qui se sentent en insécurité ou mal comprises par le pouvoir en place. Le choix des mots, l'interprétation tendancieuse des chiffres font toute la différence et peuvent, auprès du public, apeurer ou rassurer. Pourtant le fait de se sentir en sécurité chez soi n'est pas toujours une réalité, pour preuve que les habitants sont réticents par moment ou dans certains quartiers à sortir le soir, par la simple peur d'être victimes d'actes malveillants. Cette peur qui inquiète forge parfois l'opinion que l'on peut avoir sur un fait divers. Sans le connaître dans le détail, on se met à échafauder des scénarios parfois rocambolesques pour se persuader d'en détenir « la vérité », ce qui en soi n'est pas faux puisqu'elle traduit non pas la vraie vérité, mais seulement celle que l'on perçoit, basée sur nos réflexions et ce que nous voulons entendre.

L'opinion publique reste persuadée, à tort ou à raison, que la justice n'est pas la même pour les gens aisés que pour les populations plus modestes. Certes le chanteur Michel Sardou l'a dénoncé dans sa chanson : « Selon que vous serez, puissant ou misérable etc. etc... ». Mais cette même opinion publique ne devrait-elle pas se poser les véritables questions ? A-t-elle le sentiment de prendre l'information correctement ? Se donne-t-elle les moyens de réfléchir efficacement face à la sécurité et la criminalité ? Se donne-t-elle les moyens de réfléchir avec recul sur ce qu'elle entend pour analyser et mieux comprendre les enjeux ? Vaste sujet car n'oublions pas que nous sommes cette opinion publique qui juge et parfois condamne sans autre forme de procès...

La légitime défense

La légitime défense ressort souvent au centre des débats de notre société, elle est souvent confondue avec la loi du talion. Pourtant, ces deux actes sont radicalement différents. La loi du « talion », plus connue sous l'expression « œil pour œil, dent pour dent » n'a pas de justification légale, sauf si naturellement on considère le code de Hammurabi, gravé en 1730 avant notre ère dans le royaume de Babylone. Il permettait aux habitants de ne pas se faire justice eux-mêmes. Ceux qui tuaient étaient tués, sans procès ni défense. Ainsi plus de 200 « lois » étaient gravées sur la stèle du Code de Hammurabi d'une hauteur de 2,27 mètres qui représente à ce jour le plus complet des codes de lois connus de la Mésopotamie antique. Exposée au musée du Louvre de Paris, elle comporte surtout des décisions de justice appelées « jurisprudence » du souverain Hammurabi qui a régné sur Babylone entre 1792 et 1750 avant JC.

Contrairement à la loi du « talion », la légitime défense est réglementée par le code pénal dans son article 122-5 : « N'est pas pénalement responsable la personne qui, devant une atteinte injustifiée envers elle-même ou autrui, accomplit, dans le même temps, un acte commandé par la nécessité de la légitime défense d'elle-même ou d'autrui, sauf s'il y a disproportion entre les moyens de défense employés et la gravité de l'atteinte ».

« N'est pas pénalement responsable la personne qui, pour interrompre l'exécution d'un crime ou d'un délit contre un bien, accomplit un acte de défense, autre qu'un homicide volontaire, lorsque cet acte est strictement nécessaire au but poursuivi dès lors que les moyens employés sont proportionnés à la gravité de l'infraction. »

La violence de notre société ne cesse d'augmenter, c'est un douloureux constat, mais elle ne doit pas être légalisée. C'est sans doute pour cette raison qu'un procès est toujours engagé pour déterminer les véritables raisons d'une légitime défense qu'on brandit haut et fort à chaque fois que l'on commet un crime ou un délit. Les tribunaux correctionnels sont souvent amenés à apporter leurs décisions, plus rarement les cours d'assises. Ceci peut aller de la blessure légère, blessure grave ou homicide. L'accusé va sans doute invoquer la légitime défense en affirmant qu'il a été agressé et se trouvait dans l'obligation de se défendre. Ce qui peut s'avérer complexe, c'est de le prouver.

La notion la plus importante dans la légitime défense est la proportionnalité. La réponse qui a été apportée est-elle en adéquation avec l'acte dont nous avons été victime, c'est-à-dire sur le même niveau de réponse que l'attaque ? Si la réponse apportée par le défenseur est disproportionnée, la légitime défense ne pourra être que difficilement admise. Si vous êtes victime d'un coup de poing ou d'une gifle, évitez de sortir votre magnum 357. Cet exemple est peut-être grossier, mais plus parlant sur ce qu'il y a lieu d'appeler la proportionnalité de l'acte.

La seconde notion intervient sur sa justification : en effet, si vous vous rebellez contre un représentant de l'ordre pendant une arrestation, vous ne pouvez invoquer cette légitime défense, car ce dernier agit dans un cadre légal. Il vous appartient de garder votre calme pour ensuite déposer une réclamation où une plainte contre cet acte de police. Le fait de frapper un représentant de l'ordre, voire plus grave, de le tuer vous prive instantanément de vos droits. Un excellent film traite de ce sujet mais également de la récidive et de la réhabilitation sur les relations entre la police et un prisonnier qui a accompli sa peine. Il s'agit de « Deux hommes dans la ville » interprété par Alain Delon et Jean Gabin. Michel Bouquet va pousser Alain Delon à céder à ses pulsions sous le regard de son éducateur, Jean Gabin. Il en va de même lors des manifestations, aucune justification ne sera admise sur le fait de frapper un représentant de l'ordre. Seule l'IGPN (Inspection Générale de la Police Nationale) est en mesure de sanctionner le policier indélicat ou l'IGGN (Inspection Générale de la Gendarmerie Nationale), pour le gendarme.

La légitime défense doit être immédiate sur une attaque actuelle. Il va de soi que nous ne pouvons l'invoquer pour une agression passée car, dans ce cas, elle sera assimilée à une vengeance. Si vous vous en prenez à votre agresseur plusieurs jours après, il est évident que vous n'êtes plus en état de légitime défense, mais que vous commettez un acte de vengeance. Pourtant le tribunal, dans certains cas, pourra prendre en compte l'effet de panique dans lequel vous vous trouviez au moment des faits et qui a, par ce fait, rendu votre réaction pour le moins disproportionnée.

On peut prendre l'exemple d'une femme victime d'un viol qui pour se défendre va multiplier les coups avec tout objet se trouvant à sa proximité, l'agresseur qui va perdre la vie par un accès de colère n'en demeure pas responsable. La victime quant à elle n'a pas prémédité son acte, la violence exercée n'est consécutive qu'à la peur engendrée par l'agression. Ceci est d'autant plus vrai que les agressions sont aujourd'hui de plus en plus violentes dans leur mode opératoire. Autrement dit, face à une agression, chacun serait prêt à utiliser n'importe quel moyen pour s'en sortir. La peur d'être blessé physiquement et parfois même intimement ainsi que la crainte d'être tué, incite chacun à se défendre par tous les moyens.

En pratique, on se rend compte que les tribunaux balayent fréquemment l'argument fondé sur la légitime défense en expliquant que l'acte de défense était disproportionné par rapport à l'acte d'attaque. L'état de stress et de panique intenses qui existe donc bien chez toutes les victimes est parfois ignoré, ce qui crée un sentiment d'injustice chez ceux qui ont eu à souffrir d'une agression.

Il est donc difficile à la lecture des textes de comprendre ce que le législateur a voulu démontrer avec la légitime défense. Toutefois, un léger réconfort peut se faire à la lecture de l'article 122-6 du même code pénal portant cette fois sur la présomption de légitime défense :

« Est présumé avoir agi en état de légitime défense celui qui accomplit l'acte :

1° Pour repousser, de nuit, l'entrée par effraction, violence ou ruse dans un lieu habité ;

2° Pour se défendre contre les auteurs de vols ou de pillages exécutés avec violence. »

Il appartiendra au juge de sanctionner les dérapages, mais il revient surtout au législateur de venir en aide aux honnêtes gens qui sont désemparés face à des situations soudaines, violentes et qui s'imposent à eux dans un contexte souvent traumatisant.

Avant le 3 mars 2016, les policiers n'étaient soumis à aucune règle spécifique en matière de légitime défense, l'article L 122-5 du Code pénal s'appliquait donc également à eux. Certains policiers et notamment le syndicat Alliance avaient soulevé le problème durant les événements d'attentats de 2015 et surtout les traques qui ont suivi pour retrouver leurs auteurs, estimant que les fonctionnaires n'étaient plus en sécurité pour exercer leurs missions avec de telles règles. « Les conditions actuelles de la légitime défense, ne sont plus adaptées à la violence de la société ». Ils avaient moins de droit que les gendarmes qui sont habilités à faire usage de leurs armes après sommation, lorsque les personnes sont en fuite. Une proposition de loi de M. Éric Ciotti et plusieurs de ses collègues, relative à la légitime défense des policiers, a été enregistrée sous le numéro 2568, et déposée le 11 février 2015 à l'assemblée nationale, le ministre de l'intérieur, Bernard Cazeneuve a d'ailleurs argumenté son propos sur la possibilité d'ouvrir le feu sur « un Kouachi ou un Coulibaly ».

La légitime défense régie par les articles 122-5 et 122-6 du Code pénal est très encadrée et parfois difficile à faire appliquer dans des cas complexes tels que la défense des policiers ou celle des femmes battues. En effet, la légitime défense ne s'applique que lorsqu'une personne commet un acte de défense proportionnel à l'attaque qu'elle est en train de subir, ce qui parfois entraîne la mort de l'agresseur. Si ce cas est reconnu, on parle alors d'irresponsabilité pénale. La personne n'est donc pas condamnée devant la Cour d'Assises et ressort libre malgré l'acte commis.

Dans le cas des femmes battues, c'est différent et le cas récent de Jacqueline Sauvage l'a démontré. En effet, même si cette personne reste coupable de meurtre malgré la grâce présidentielle prononcée par le Président de la République François Hollande, on constate bien qu'il existe un vide juridique dans ce cas précis où les femmes ou compagnes subissent des coups répétés et viols. Sans oublier, même s'ils sont minoritaires, que des hommes sont également victimes de violences.

Si la justice reste libre de déterminer si un acte relève ou non de la légitime défense, parfois lors de l'enquête ou de l'instruction, des voix s'élèvent pour tenter de faire changer les textes. Des prises de positions partisanes et souvent mal adaptées ne doivent pas prendre le pas sur les textes qui régissent les lois de la République. Si un texte a besoin d'être modifié ou adapté, il doit l'être impérativement après un débat au parlement et une réflexion importante pour que cette loi puisse être mise en application dans les principes du droit.

C'est une députée Valérie Boyer qui voudrait instaurer une « présomption de légitime défense » pour les victimes de violences conjugales. Il est important, selon cette parlementaire de faire évoluer la loi en plaçant les personnes qui se sont rendues coupables de meurtre sur leur conjoint violent sous le statut de victime. Valérie Boyer insiste sur le fait que selon elle, ces victimes sont en situation de danger permanent. Une nouvelle notion devrait, toujours selon la députée, apparaître dans le droit : « la légitime défense différée » pour permettre aux personnes victimes de violence conjugale de pouvoir agir. Toutefois cette mesure peut présenter de nouveaux risques de dérives. Dans ce cas, qui pourra mesurer exactement le temps que mettra la victime à réagir aux agressions de façon proportionnelle à l'attaque ? Cette proposition de loi a été déposée le 11 septembre 2019.

En ce qui concerne les policiers et gendarmes, la législation applicable à l'usage des armes à feu a été modifiée par la loi du 28 février 2017 relative à la sécurité publique. L'article L. 435-1 du Code de la sécurité intérieure dresse la liste des cas dans lesquels les forces de l'ordre peuvent faire usage de leur arme. Ces règles s'appliquent aux agents de la police nationale ainsi qu'aux militaires de la gendarmerie nationale, la loi ayant pour effet d'aligner le régime applicable aux policiers sur celui des gendarmes.

Rappelons tout de même que dans tous les cas, la légitime défense des forces de l'ordre reste régie par des principes absolus de proportionnalité. Les forces de l'ordre peuvent faire usage de leur arme lorsque leur vie ou leur intégrité physique est menacée. Tout comme lorsque la vie d'autrui est en danger. Un représentant de la force publique chargé de la surveillance d'un prisonnier peut également faire usage de son arme lors d'une évasion s'il existe un risque d'atteinte à son intégrité physique ou celle d'autrui. L'utilisation de l'arme est permise si elle vise à stopper des véhicules, embarcations ou autres moyens de transport, dont les conducteurs n'obtempèrent pas à l'ordre d'arrêt dès lors que le conducteur ou les passagers sont susceptibles de perpétrer des atteintes à la vie ou à l'intégrité physique des forces de l'ordre ou à celles d'autrui.

L'usage d'une arme est possible lorsqu'il vise à empêcher la réitération, dans un temps rapproché, d'un ou de plusieurs meurtres ou tentatives de meurtre venant d'être commis.

Dans tous les cas, l'usage de l'arme doit être précédé de deux sommations faites à haute voix. Il est rigoureusement faux de penser qu'un policier ou un gendarme bénéficie d'une totale liberté avec son arme de service pour effectuer ses missions. Les procédures sont strictement encadrées et punies sévèrement en cas d'abus. Dans le cas où l'IGPN (Inspection Générale de la Police Nationale) ou l'IGGN (Inspection Générale de la Gendarmerie Nationale) rend un rapport défavorable contre le fonctionnaire, il sera jugé comme n'importe quel justiciable...

La perpétuité réelle en France

Le 9 octobre 1981, le parlement a aboli la peine de mort en France. Des années plus tard, le Président de la République, Monsieur Jacques Chirac, va inclure cette décision dans la constitution empêchant son retour. Désormais, le châtiment suprême ne pourra être rétabli qu'à la condition d'un référendum ou d'une réforme constitutionnelle. Toutefois la probabilité est quasiment nulle car cette décision serait contraire aux textes européens ratifiés.

La question qui s'est posée alors était de remplacer cette peine de mort par une peine en adéquation avec le crime commis. Le parlement a donc décidé de remplacer ce châtiment par la prison à perpétuité. La perpétuité réelle existe bien même si elle n'est que rarement appliquée. Toutefois, un aménagement de peine devient possible après une période de sûreté de 22 ou 30 ans, selon le cas. Néanmoins, un refus peut être opposé à la demande. Selon certains professionnels du droit, il s'agit surtout d'une « mort à petit feu » entre les murs et d'une vie qui appartient aux juges. Que la peine administrée soit incompressible ou non.

Dans le cas d'une peine incompressible, « l'état de dangerosité » du condamné est évalué par le magistrat et trois experts médicaux qui envisagent, éventuellement, une liberté probatoire encadrée, sauf si le ministère public s'y oppose. Dans ce cas l'examen sera réinitialisé encore et encore. Le paradoxe vient du fait que certains condamnés à des peines de sûreté longues ont réclamé, pour eux mêmes, le rétablissement de la peine de mort, afin d'en finir tout de suite sans attendre inlassablement de « mourir à petit feu ».

Deux exemples probants restent dans l'histoire, celle tout d'abord de Philippe Maurice, condamné à mort pour le meurtre d'un policier qui a vu sa peine commuée en prison à perpétuité après l'élection du président François Mitterrand et l'abolition de la peine de mort. Après sa libération, il devient un historien renommé de la période médiévale et représente l'exemple d'une réinsertion réussie. Contrairement à Patrick Henry qui échappe à la peine de mort pour le meurtre d'un jeune garçon après la plaidoirie de son avocat, Robert Badinter, qui deviendra garde des Sceaux et instigateur de l'abolition de la peine de mort. Patrick Henry quant à lui va récidiver par plusieurs méfaits, une fois libéré, il est renvoyé en prison où il décède.

La perpétuité incompressible est une peine illimitée dans le temps, empêchant tout aménagement de peine, du moins en dessous de 30 ans. Elle n'est prononcée qu'à la suite de certains crimes : meurtre avec viol, torture ou acte de barbarie sur mineur de moins de 15 ans, meurtre en bande organisée d'une personne dépositaire de l'autorité publique comme le policier ou le magistrat. Pour tous les autres crimes, le maximum de la période de sûreté est de 22 ans. Cette peine incompressible est instaurée le 1er février 1994 par la loi 94-893 à l'initiative du ministre de la Justice Pierre Méhaignerie. Il est intéressant de connaître dans quel contexte cette loi a vu le jour.

En 1993, la France découvre le meurtre d'une petite fille de 8 ans, Karine Volkaert par Patrick Tissier. Celui-ci avait déjà commis un meurtre et un viol en 1971. Pour ces crimes, il avait purgé une peine de prison et avait obtenu une libération en 1982. Il avait été alors recondamné pour un autre viol aggravé, plusieurs tentatives et divers délits en 1985, et à nouveau libéré en 1992. Les experts diront qu'il inflige volontairement à ses victimes plus de tortures que nécessaire pour satisfaire ses besoins sexuels. Le parti socialiste au pouvoir, avec sa réforme du Code pénal avait supprimé la période de sûreté de 30 ans qu'avait instaurée Charles Pasqua sauf pour les cas de meurtre d'enfant précédé de viol, de torture ou d'acte de barbarie. L'affaire Tissier sera alors à l'origine de la période de sûreté « perpétuelle » pour ces cas précis d'infanticide, la possibilité pour lui d'être libéré étant perçue comme inadaptée.

A ce jour, huit condamnations à la perpétuité incompressible ont été prononcées dont deux confirmées en appel : Yannick Luende Bothelo qui assassine la jeune Marion Rousset âgée de 14 ans de 68 coups de couteau le 18 mars 2012 après l'avoir violée. Nicolas Blondiau qui enlève la jeune Océane Luna âgée de 8 ans le 5 novembre 2011, la viole et l'assassine de quatre coups de couteau. Michel Fourniret qui enlève le 11 décembre 1987 la jeune Isabelle Laville âgée de 17 ans avant de la violer et la tuer. Il va récidiver à au moins 10 reprises avant de décéder en 2021. Pierre Bodein qui enlève, viole et tue une fillette de 10 ans, récidive avec le meurtre d'une femme de 38 ans et une autre adolescente de 14 ans. Salah Abdeslam condamné le 29 juin 2022, c'est un Djihadiste affilié à l'État islamique, il est le seul survivant des commandos impliqués dans les attentats du 13 novembre 2015 faisant 131 morts. Tout comme Oussama Atar, présumé mort en Syrie le 17 novembre 2017 par une frappe aérienne de la coalition internationale ; faute de preuve formelle de son décès, il est poursuivi dans le cadre des procès de Paris et Bruxelles et condamné par défaut.

Fabien « Omar » Clain présumé mort en Syrie par un tir de drone de la coalition internationale lors de l'offensive de Deir ez-Zor, le 20 février 2019, il est néanmoins poursuivi dans le cadre des procès de Paris et condamné par défaut. Jean-Michel Clain, Présumé mort en Syrie aux côtés de son frère, le 22 février 2019, il est également poursuivi dans le cadre des procès de Paris et condamné par défaut. Aucun de ces condamnés, pour ceux emprisonnés n'a, à ce jour, bénéficié d'un aménagement de peine.

Pourtant lors des deux premières condamnations à une peine incompressible, les journalistes et même certains juristes ne prêtèrent pas attention à la particularité des peines qui venaient d'être prononcées. Pour la peine de sûreté de 30 ans la libération peut se faire après avis de la commission, de manière classique. Dans le cas de la peine incompressible la peine peut être prolongée indéfiniment. Seule une demande d'évaluation de dangerosité du condamné, faite par un magistrat et trois experts médicaux, peut décider une libération conditionnelle sauf si le ministère public s'y oppose.

C'est lors du procès de Michel Fourniret que la différence des condamnations a été prise dans son ampleur. Michel Fourniret est condamné à la prison à perpétuité incompressible, alors que son épouse

Monique Olivier à la prison à perpétuité avec 30 ans de sûreté le même jour. Plusieurs extensions, par la suite sont venues enrichir cette loi.

En mars 2010, un policier est assassiné par un membre de l'organisation terroriste ETA, le président de la République, à l'époque Nicolas Sarkozy demande donc, dans le cadre de la loi LOPPSI-2, que la perpétuité incompressible soit étendue aux cas de meurtre de personne dépositaire de l'autorité publique, à condition qu'ils aient été commis soit avec préméditation, soit en bande organisée. Ensuite la loi du 3 juin 2016 faite pour renforcer la lutte contre le terrorisme et la criminalité organisée intègre ces dispositions à l'article 421-7 du Code pénal. Concernant cette loi de peine incompressible et dépôts de requêtes de Pierre Bodein en 2010, la Cour de cassation rejette la notion de « peine inhumaine et dégradante au sens de l'article 3 de la Convention européenne des droits de l'homme ». C'est ensuite à la Cour européenne des droits de l'homme le 13 novembre 2014 de confirmer la décision de la perpétuité de Pierre Bodein.

« Prendre perpète » est une expression entrée dans le langage commun. Elle sert à qualifier une peine de prison à vie. Or que ce soit dans une condamnation à perpétuité ou une condamnation à perpétuité « incompressible », on s'aperçoit qu'il existe une possibilité pour le condamné de mourir ailleurs qu'en prison. Cette notion avait déjà été retirée du Code pénal en juin 1791 par l'Assemblée constituante : « Nous devons, Messieurs, dire que les peines ne seront pas perpétuelles » phrase prononcée par Pierre-Louis Prieur, député du Tiers-état.

Il faut attendre 1810 pour que la prison à perpétuité soit rétablie dans le code mis en place par Napoléon Bonaparte. Mais le code pénal prévoit dans ce cas la possibilité d'un aménagement de peine ou d'une libération conditionnelle. Aujourd'hui le condamné ne peut bénéficier, pendant une période de sûreté, des dispositions concernant la suspension ou le fractionnement de la peine, le placement à l'extérieur, les permissions de sortir, la semi-liberté et la libération conditionnelle.

La décision de la perpétuité réelle revient à la Cour d'assises dans deux cas, lorsque la victime d'un assassinat est un mineur de moins de 15 ans et que l'acte est accompagné « d'un viol, de tortures ou d'actes de barbarie » ou d'un dépositaire de l'autorité publique dans l'exercice ou en raison de ses fonctions (policier, gendarme, surveillant pénitentiaire...). En dehors de ces situations, la période de sûreté prononcée ne pourra pas dépasser 22 ans. Dans les faits, la prison à vie peut aussi toucher les condamnés à de longues peines, non concernés par une période de sûreté illimitée. L'opportunité d'une libération conditionnelle est laissée à l'appréciation du tribunal d'application des peines, qui peut donc décider de ne pas laisser sortir un condamné.

Même en cas de condamnation à la perpétuité incompressible, le détenu conserve toutefois une maigre possibilité de sortir un jour. L'article 720-4 prévoit qu'après 30 ans derrière les barreaux. Comme expliqué au début du texte, mais qu'il est essentiel de rappeler, le juge de l'application des peines peut décider d'un aménagement de peine après avoir sollicité l'avis de trois experts médicaux chargés d'examiner « l'état de dangerosité du condamné ». Un autre dispositif peut contribuer à maintenir quelqu'un à l'ombre jusqu'à la fin de ses jours, en dehors même d'une condamnation à perpétuité : la rétention de sûreté. Voulue par Nicolas Sarkozy et introduite dans notre système judiciaire en 2008, elle permet d'autoriser le placement d'un détenu dans un centre spécialisé après la fin de sa peine. Cette mesure, encadrée par les articles 706-53-13 et suivants du code de procédure pénale, concerne les prisonniers dont l'expertise aura déterminé un risque très élevé de récidive.

Les sectes

A l'origine les sectes étaient composées de personnes religieuses ou philosophiques qui partageaient une même idée. De nos jours, et après de nombreux scandales révélés par la presse, on a pu s'apercevoir que certains groupements forçaient des membres potentiels, fragilisés par des soucis passagers à rejoindre leurs croyances ou idéologies pouvant aller parfois jusqu'à la mort. Certains responsables, appelés parfois des gourous briment les libertés individuelles et leurs comportements apparaissent très obscurs, jusqu'à s'approprier les biens de leurs disciples et les maintenir sous contrôle. Enfin, le mot « sectaire » est passé dans le langage courant et désigne une personne fermée à toute discussion, prompte à rejeter autrui, à le mépriser et à le catégoriser.

Les Témoins de Jéhovah forment un mouvement religieux se réclamant du christianisme. Ils sont issus d'un groupe né aux États-Unis dans les années 1870, sous le nom d'Étudiants de la Bible. En 2011, le mouvement revendique plus de 7,65 millions de membres actifs dans le monde, ce dans 236 pays et territoires différents. Par ailleurs, plus de 19,3 millions de personnes, pratiquants et sympathisants confondus, ont assisté à leur célébration annuelle, le « Mémorial de la mort du Christ ». La direction du mouvement est exercée par un Collège central, garant de l'ordre théocratique et de l'enseignement. Il fait éditer à cet effet par la société Watchtower de nombreuses publications, telles que les périodiques « La Tour de Garde » et « Réveillez-vous ! ».

Les Témoins de Jéhovah sont connus pour leur prédication de porte-en-porte, ainsi que leur refus des transfusions sanguines et de participer aux anniversaires de naissance, ainsi qu'aux fêtes religieuses ou patriotiques. Ils se veulent politiquement neutres et refusent d'accomplir un service militaire. Ils condamnent en outre les rapports sexuels hors du cadre du mariage. Millénaristes, ils croient à l'intervention imminente de Dieu dans les affaires humaines lors de bataille d'Armageddon, et ont pour objectif l'établissement du Royaume de Dieu sur Terre, seule solution aux maux de l'Humanité selon eux. Selon leur doctrine, Jéhovah est le nom personnel de Dieu, et faire connaître ce nom est primordial pour eux. Ils sont très critiques envers les autres religions, qui pour eux font partie de « Babylone la Grande », organisation de Satan décrite comme « l'empire mondial de la fausse religion ».

Les Témoins de Jéhovah font régulièrement l'objet de critiques, notamment pour leur refus des transfusions sanguines, même lorsqu'un pronostic vital est engagé. Ils ont aussi été l'objet de vives critiques à la suite de la non-réalisation de prédictions et à cause de leur rejet de la théorie de l'évolution. Leur isolement social et leur autoritarisme ont contribué à les classer parmi les sectes dans plusieurs pays. Enfin, certains scandales ont entaché leur histoire, concernant notamment la gestion de certaines affaires de pédophilie dans leurs rangs.

Dans la seconde moitié du XXe siècle apparaissent de nouveaux mouvements, causes de la baisse de fréquentation des religions traditionnelles, certains sociologues estiment que le phénomène de mondialisation a permis l'apparition d'un véritable « supermarché du religieux » où le choix des croyances est plus vaste. Dans les années 1980, par suite de scandales qui ont alarmé l'opinion publique, tels que suicides collectifs, affaires politico-financières, polygamie, sorcellerie, ou exercice illégal de la médecine, le terme « secte », utilisé pour désigner certains de ces mouvements, a pris une forte connotation péjorative, devenant synonyme de groupe totalitaire et dangereux, ou en tous cas, de système aliénant et forçant ses adeptes à se placer en position de rupture avec la société et ses normes. Récemment, certains de ces mouvements investissent le créneau du développement personnel et de la psychothérapie et a contribué en France à la régulation de la profession en juillet 2010. Le seul fait d'être en rupture avec les normes de la société ne suffit pas à définir une secte. Par exemple, certains mouvements politiques, sans être forcément dangereux, ont des visions politiques bien différentes de celles qui ont cours.

En France, fin 1993, la Commission nationale consultative des droits de l'Homme proposait cette définition : « Groupement se présentant ou non comme une religion, dont les pratiques constatées sont susceptibles de tomber sous le coup de la législation protectrice des droits des personnes ou du fonctionnement de l'État de droit ; comportement sectaire : refus des lois, en exerçant des voies de fait, en accomplissant des détournements, des abus de confiance, des infractions financières et fiscales, des mauvais traitements, de la non-assistance à personne en danger, des incitations à la haine raciale, des trafics de stupéfiants. »

En 2008, les associations antisectes, les commissions parlementaires et les missions du gouvernement disent étudier le comportement d'un groupe vis-à-vis de ses membres plutôt que les préceptes du groupe (ce qui équivaudrait à une évaluation objective des actes plutôt que des croyances). Divers critères tels que la manipulation mentale des adeptes, l'organisation pyramidale et la centralisation du pouvoir aux mains d'une personne avec autorité charismatique, comme un gourou, ou d'un collège restreint de dirigeants, l'extorsion de fonds ou encore le fait que la doctrine se présente comme exclusive sont employés pour cette étude.

Ces critères ne font pas l'unanimité et ne s'appliquent pas dans leur totalité à tous les mouvements parfois considérés comme sectaires. En outre, ce ne sont pas les seuls critères permettant de qualifier une organisation de secte. De ce fait, les acteurs de la lutte antisectes ne sont parfois pas tous d'accord pour combattre certains groupes en particulier, comme l'Office culturel de Cluny, les mormons ou l'anthroposophie.

Des affaires de suicides collectifs ou d'agressions sexuelles ont défrayé la chronique depuis 1978 entraînant une importante médiatisation du phénomène, provoquant de profondes inquiétudes. Les maisons de la communauté de Jonestown, Guyana, lieu d'un suicide collectif qui a attiré l'attention mondiale sur la problématique des nouveaux mouvements religieux. Ainsi des suicides collectifs ou des massacres, ont choqué l'opinion publique, d'autant plus qu'une partie des victimes étaient des enfants.

Le 18 novembre 1978, 914 adeptes du Temple du Peuple (People's Temple), dont 260 enfants, moururent par absorption volontaire de cyanure ou assassinés dans le temple de Jonestown au Guyana ; le Gourou, Jim Jones, fut retrouvé mort d'une blessure à la tête par arme à feu.

Le 19 septembre 1985, 60 adeptes de Datu Mangayanon se suicidèrent à Mindanao aux Philippines.

Le 1er septembre 1986, 7 adeptes de l'Église des Amis de la vérité se suicidèrent à Wokayama au Japon.

Le 28 août 1987, 32 adeptes de Park Soon Ja se suicidèrent à Séoul en Corée du Sud.

En 1993 72 adeptes davidiens périrent dans l'incendie de leur ferme lors du Siège de Waco au Texas alors que la police les assiégeait depuis plusieurs semaines.

À trois reprises de 1994 à 1997, des adeptes de l'Ordre du Temple solaire furent retrouvés morts, par suicide, ou assassinés : le 4 octobre 1994, 53 adeptes, dont 16 enfants, dans deux villages de Suisse, Cheiry et Salvan ; le 23 décembre 1995, 16 adeptes parmi lesquels 3 enfants, retrouvés carbonisés dans le Vercors en France et le 24 mars 1997, 5 autres adeptes furent retrouvés morts au Québec.

Le 26 mars 1997, 39 adeptes de la secte Heaven's gate (Porte du Paradis) se suicidèrent par ingestion de phénobarbital, dans une villa de Rancho Santa Fé, en Californie.

Le 18 mars 2000 : À Kanungu, En Ouganda, près de 500 adeptes de la secte apocalyptique de Joseph Kibwetere, le « mouvement pour la restauration des Dix Commandements de Dieu », s'immolèrent ou furent brûlés vifs dans leur église ; un charnier de près de 500 personnes fut découvert ensuite dans les environs.

1995 : le chef spirituel des Chevaliers du Lotus d'or, Gilbert Bourdin, fut mis en examen suite à des accusations de « viols et agressions sexuelles » sur une ex-adepte.

20 mars 1995 : l'attentat au gaz sarin perpétré par des membres de Aum Shinrikyo dans le métro de Tôkyô fit 12 morts et plus de 5 000 blessés ;

17 mars 2000, l'ex-médecin Ryke Geerd Hamer, déjà condamné deux fois en Allemagne et une fois en Autriche, a été condamné pour « exercice illégal de la médecine en France, complicité de non-assistance à personne en danger, complicité d'exercice illégal de la médecine, escroquerie » à la

peine de dix-huit mois d'emprisonnement dont neuf mois avec sursis simple, en application des articles 406 et suivants et 485 du Code de Procédure Pénale Français, de l'article L 372 du Code de la Santé Publique. Il a été également condamné à des amendes en dédommagement aux familles de ses victimes. Deux membres d'une association, dirigées par l'ex-médecin ont été condamnées pour exercice illégal de la médecine, non-assistance à personne en danger et à dédommager les familles de leurs victimes. Elles poussaient les malades du cancer à abandonner leur traitement et à envoyer des dons.

La forte médiatisation du « phénomène sectaire » a pu conduire l'opinion publique à amalgamer entre elles des organisations aux aspirations pourtant très différentes. Ainsi, par le même terme générique de « secte », on a désigné autant des groupes criminels, dangereux, pédophiles, polygames, et totalitaires que des nouveaux groupements religieux, ésotériques ou simplement excentriques, en décalage avec la société, qui n'ont jamais été coupables de tels crimes.

Si cette médiatisation a eu pour effet de mettre en lumière des abus au sein de certains groupements, elle a parfois été très préjudiciable à des personnes ou des organisations. Les défenseurs des mouvements dits sectaires mettent en avant le fait que certaines personnes, par suite de la découverte de leur appartenance à des groupements considérés comme sectaires, ont été licenciées, se sont vu refuser la garde d'un enfant ou ont subi la rupture de leurs contrats commerciaux.

Ce qui est communément appelé « les sectes » pose un épineux problème d'ordre public, en même temps qu'il pose le problème des libertés. En effet, évaluer l'influence et la dangerosité sectaire est difficile, à cause de leur caractère hermétique. Un débat oppose depuis longtemps ceux qui pensent que, face aux mouvements considérés comme sectaires et dangereux, l'autorité se doit d'intervenir pour protéger les citoyens et, de l'autre côté, ceux qui estiment que l'État n'a pas le droit d'enfreindre les libertés de religion et d'association des citoyens.

Les États sont donc contraints d'osciller entre la tolérance applicable à toutes formes de religion et d'adhésion à un dogme, et la protection des individus et de la société. En fonction de leur propre définition du terme secte et des organisations classées comme sectes dans leur pays, certains gouvernements ont mis en place des procédés de lutte contre certaines pratiques et certaines organisations.

La commission parlementaire n°2468, présidée par Alain Gest a publié en 1995 une liste de 173 mouvements jugés sectaires, et proposé des modifications de législation qui ont mené au vote de la loi About-Picard en 2001. La liste de sectes, très controversée, a été officiellement abandonnée par la circulaire du 27 mai 2005 relative à la lutte contre les dérives sectaires. En 2001, la loi About-Picard a renforcé la législation sur la notion d'abus de faiblesse et a déterminé les cas où une organisation convaincue de dérives sectaires peut être dissoute. Elle accorde aux associations antisectes reconnues d'utilité publique le droit de se porter partie civile dans les procès. La France est un des pays les plus engagés dans cette lutte en Europe, et à l'origine de positions controversées qui lui valent quelques critiques, de la part de l'Assemblée parlementaire européenne voire du Congrès américain.

La fragilité des enfants et la possibilité qu'ils soient les cibles de groupes jugés sectaires sont à l'origine d'une commission parlementaire en 2006 dédiée à « L'influence des mouvements à caractère sectaire et conséquences de leurs pratiques sur la santé physique et mentale des mineurs ». Les secteurs d'activité qui font régulièrement l'objet de plaintes de parents extérieurs sont : les milieux sportifs, le monde associatif, les activités périscolaires, de vacances et de loisirs. En France, la MIVILUDES ont établi huit critères de dérives sectaires : La déstabilisation mentale, le caractère exorbitant des exigences financières, la rupture avec l'environnement d'origine, l'existence d'atteintes à l'intégrité physique, l'embrigadement des enfants, le discours antisocial, les troubles à l'ordre public, l'importance des démêlés judiciaires, l'éventuel détournement des circuits économiques traditionnels ;

Troubles du comportement

CRIMINOLOGIE Débats & réflexions

Le Serial Killer

Il faut savoir en premier lieu ce que l'on considère comme un serial killer ou « tueur en série ». Plus répandu aux Etats-Unis, même si en France nous en avons eu quelqu'un comme Thierry Paulin « le tueur de vieilles dames » (bien que sa classification comme tueur en série suscite des interrogations) ou encore Guy Georges « le tueur de l'est parisien » pour n'en citer que deux. Un tueur en série ou « sérial killer » est un assassin qui a commis au minimum 4 homicides voire plus, souvent jusqu'à son arrestation ou sa mort.

On parle souvent de tueur, car il est plus rare qu'une femme soit connue comme « tueuse en série », même si une fois encore quelques exemples isolés se sont tout de même avérés féminins. Ce qui caractérise surtout ce tueur est son mode opératoire qu'on appelle également de son nom latin « modus operandi ». Il arrive souvent que le tueur laisse entre ses meurtres une période plus ou moins longue les séparant.

Le sérial killer est souvent doué d'une intelligence supérieure, c'est sans doute pour cette raison qu'il est difficile à démasquer, la preuve en est de la rigueur du mode opératoire. Il arrive qu'il vive en couple, souvent considéré comme le monsieur tout le monde par son entourage. Mais attention, ce n'est pas une règle absolue, il peut également être célibataire pour justement empêcher la découverte de ses méfaits ce qui mettrait en échec tous ses plans. Généralement le tueur en couple est celui qui aime ajouter du risque, cette poussée d'adrénaline le rend encore plus dangereux.

Selon la méthode d'exécution choisie, il lui arrive d'exercer un travail réclamant beaucoup d'attention ou spécialisé. Durant le crime, il est pleinement sous contrôle pour s'assurer que tout sera exactement comme il le souhaite. Il peut lui arriver de consommer de l'alcool, mais généralement, c'est surtout après comme une récompense. La plupart du temps, il possède un moyen de locomotion qui lui est propre, ce qui lui confère une autonomie pour ses déplacements. Ne pas laisser au hasard sa fuite éventuelle au cas où les forces de police arrivent sur les lieux plus vite que prévu. C'est ainsi qu'il aime écouter les médias et parfois posséder un scanner utilisé par la police. Il suit attentivement ce que les journalistes écrivent sur ses méfaits, il lui arrive même d'accorder des interviews pour flatter, certes, son égo, mais également ajouter un risque supplémentaire à sa capture.

Toujours dans la même lignée, le « sérial killer » peut facilement changer de travail ou de ville, il s'arrange toujours pour passer inaperçu, c'est l'une de ses forces. Ces victimes lui sont pour la plupart du temps inconnus, afin que l'on ne puisse jamais remonter à lui. N'oublions pas que ce type de tueur planifie tout, rien ne doit être laissé au hasard. Il peut lui arriver de parler avec sa victime si elle accepte de se soumettre mais le plus clair du temps il préfère ne rien échanger avec elle, afin de la dépersonnaliser. Sa victime est surtout une manière pour lui d'arriver à ses fins, son identité n'a que peu d'importance. Sauf dans le cas où elle répond à un schéma précis dans l'accomplissement de ses crimes.

De même, il peut avoir des rapports sexuels avec ses victimes, souvent protégés pour éviter les traces où lorsque le corps sera endommagé ensuite. Plusieurs sérail killer ont eus également recours à la nécrophilie afin de pouvoir posséder leur victime même au-delà la mort, c'est le contrôle total qui est parfois leur fantasme le plus récurrent.

Deux cas de serial killer concernant le corps de la victime, le premier va cacher le corps dans une cachette secrète afin de pouvoir revenir de temps à autre le contempler ou s'amuser avec. Il n'hésitera pas à changer de cachette s'il se sait en danger, sa proie ne sera abandonnée que lorsqu'il aura fini de joueur avec, les traces laissées deviennent quasi inexploitables. Le second va s'en débarrasser tout de suite, parfois avec une mise en scène, dans ce cas, il lance comme une sorte de défi à la police, comme une invitation à un jeu où il entend bien mener la cadence et la fréquence de ses méfaits. Parfois il invite les journalistes à se joindre à la partie.

Le tueur en série peut s'avérer également un tueur psychopathe, choisissant longtemps à l'avance ses victimes selon des critères précis, on considère que ceci répond à 90% des cas. Le serial killer peut s'avérer également très méticuleux voir maniaque au point de nettoyer la scène de crime du moindre indice ou de la moindre trace, même si nous savons à 'heure actuelle que les experts scientifiques sont de mieux en mieux armés pour trouver des traces.

Après l'arrestation, quand nous étudions le profil du tueur en série, il arrive souvent que des points communs existent dans leur enfance ou leur parcours. Une mère omniprésente très souvent castratrice, trop aimé voir abusé ou totalement le contraire ignoré et délaissé. Pendant sa période d'adolescence, il est déjà attiré par la pyromanie ou le massacre et la torture de petits animaux. Il est souvent consommateur de pornographie que ce soit en vidéo, ou dans les magazines. On a également observé chez plusieurs tueurs des tendances à la Schizophrénie, faire vivre plusieurs personnages, permet de se dédouaner des atrocités qu'il commet. On arrive toutefois à déterminer quelques pistes qui permettent aux enquêteurs d'orienter leur enquête.

Lorsque la victime est méconnaissable, c'est qu'elle était connue de son meurtrier, tout comme la scène de crime trop propre désigne un psychopathe sorti souvent de l'hôpital psychiatrique depuis moins de six mois. Il arrive parfois également au tueur en série de s'automutiler. Pourtant il garde toujours un contact avec la réalité, n'hésite pas à faire des pauses lorsqu'il est recherché d'un peu trop près. Il lui arrive de confondre les victimes qui à ses yeux n'ont pas d'importance, mais jamais les lieux.

Les tueurs en série aiment jouer la comédie, une fois arrêté, usant de mensonge, avec parfois un masque de folie schizophrène. Ils prétendent entendre des voix ou avoir des « flashs ». Ils acceptent volontiers de se présenter comme des victimes de complots imaginaires ou encore de discrimination sociale. Tout ceci continue à faire partie du jeu. Certes ils ont perdu la première manche car ils ont été arrêtés, mais n'entendent pas pour autant perdre la partie. Le jeu du chat et de la souris qu'ils exercent parfois avec les services de police attise encore un peu plus leur soif de pouvoir. Dans certains cas, les corps des victimes n'ont pas tous été retrouvés. Si le spectre de la condamnation à mort se profile, ils vont user de cette menace pour forcer le tueur à révéler l'endroit où les victimes se trouvent. De son côté le sérail killer va utiliser cette opportunité comme d'une monnaie d'échange.

Peut-on guérir des tueurs en série psychopathes ? Pas évident, on constate depuis plusieurs années que les électrochocs sont sans effet et que le traitement chimique ne donne pas non plus les résultats escomptés. Il est difficile d'envisager pour ces personnes une psychothérapie, car la plupart des cas le psychopathe ne veut pas communiquer. Il refuse tout simplement de changer.

Le schizophrène se présente au départ avec un comportement caractérisé par le retrait progressif de la réalité, le désinvestissement de sa personne et le syndrome de dissociation (souvent représenté par le Dr Jeckill et Mr Hyde). Cette psychose est d'apparition précoce (entre 15 et 30 ans) et dure généralement toute la vie.

Dans un second temps, le sujet tente de dépasser cette situation par la construction d'un délire paranoïde. Le criminel ne veut pas tuer parce que c'est mal mais veut tuer parce que ça lui fait du bien. Ce qui signifie qu'il pense et peut commettre tout et son contraire.

Le paranoïaque quant à lui est atteint d'un délire d'interprétation, sa perception est exacte mais sa conception est erronée. Le délire est logique car il part toujours de la réalité et son interprétation reste vraisemblable. Le sujet se sent en permanence persécuté.

Le schizophrène paranoïde est une catégorie qui rassemble la majorité des tueurs en série désorganisés. Là, le sujet est un criminel potentiel car il est non seulement en conflit avec lui-même, du fait de ses deux personnalités contradictoires (schizophrénie) mais il se sent aussi persécuté, avec le risque d'avoir désigné son persécuteur pour s'auto défendre (paranoïa).

Le maniaco-dépressif alterne quant à lui les périodes d'euphorie (accès maniaque) et les périodes de dépression (accès dépressif)

Le psychotique chronique est le type de criminel le plus délirant. Les délires ont pris de telles proportions qu'ils prennent le pas sur la réalité et qu'ils déterminent plus ou moins ses actes. C'est le cas le plus évident d'irresponsabilité pénale.

Lorsque l'on étudie de près les serials killer, nous nous apercevons que la majeure partie d'entre eux (près de 80% des cas) est d'origine masculine. Par ailleurs, les femmes serial killer n'ont de manière quasi générale (99% des cas) ni la même méthode pour tuer, ni les mêmes intérêts et souvent pas les mêmes origines familiales que les hommes. En ce qui concerne l'éducation, j'ai une hypothèse qui n'a cependant jamais été étudiée de façon systématique par rapport à la délinquance. Il s'agit de la promesse implicite ou explicite de recevoir beaucoup de privilèges dans la vie qui est faite aux jeunes garçons élevés dans une idéologie sexiste à l'ancienne. Si plus tard cette promesse ne correspond pas à la réalité, elle peut déployer des effets négatifs sur leur comportement social.

Le cannibalisme

C'est un acte abominable doublé d'un sacrilège pour certaines croyances ou cultures alors que pour d'autres c'est une coutume sacrée. De tout temps et en tout lieu, le cannibalisme a toujours existé et demeure en matière criminelle. Bien que l'origine de cette pratique soit un peu floue, des anthropologues la situent pourtant à la même période que la naissance de l'homme.

La pratique dont les motivations sont hétéroclites. Quand ce n'est pas pour satisfaire des croyances religieuses, elle permettait de combattre la famine ou encore de punir ses ennemis. Que ce soient les Aztèques ou les Iroquois pour apaiser leurs dieux ou s'approprier la force de leurs ennemis, voire certains Papous de Nouvelle-Guinée par goût de la chair humaine, en particulier le cerveau et les tissus, avec une cérémonie traditionnelle. Des chercheurs découvrent alors une maladie mortelle transmise par les mères à leurs enfants, la maladie de Kreutzfel Jacob (variante humaine de la « maladie de la vache folle »). C'est le christianisme développé par les missionnaires qui met peu à peu fin à la pratique.

Bien que répugnant, on aime toutefois « tolérer » une forme de cannibalisme lorsqu'elle est associée à une survie essentielle comme celle de l'équipe de rugbymen uruguayens dont l'avion s'est écrasé dans la cordillère des Andes en 1972. Un film et un livre ont relatés d'ailleurs les faits où « les survivants » furent obligés de se nourrir du corps des membres décédés pour pouvoir rester en vie.

Sur le plan juridique, la pratique est assez floue en France. Même si on le juge inacceptable, son auteur ne peut être condamné pour cannibalisme, il n'existe plus de sanction pénale condamnant précisément l'anthropophagie. Le cannibale sera condamné pour acte de torture et de barbarie (Art. 222 Code pénal). Ainsi en Europe, il arrive fréquemment que la condamnation soit surtout liée à l'acte qui l'a accompagné comme la nécrophilie ou le meurtre. Le corps dévoré est quant à lui relayé en circonstance aggravante.

Le cannibalisme criminel est répertorié en plusieurs catégories : sexuel, d'agression, spirituel ou rituel, enfin épicurien (notion de plaisir) ou nutritionnel. Une personne peut consommer de la chair humaine pour différentes raisons, pour atteindre un sentiment de pouvoir et de contrôle, une autre peut en apprécier le goût, et une autre peut s'adonner au cannibalisme pour atteindre une affinité spirituelle plus élevée avec la personne qu'elle mange, tout en éprouvant un plaisir sexuel intense.

Albert Fish et Jeffrey Dahmer sont des cannibales sexuels. Ils développent un désordre psycho sexuel qui implique la consommation de la chair d'un autre être, le meurtre est seulement une manière d'y arriver, même si dans certains cas leurs auteurs ont éprouvé également du plaisir durant le crime dû certainement à une jubilation avancée de leur repas. Le cannibalisme est envisagé comme une forme de sadisme sexuel et est souvent associé à des actes de nécrophilie.

Plusieurs personnes qui ont dévorés de la chair humaine ont décrit le sentiment d'euphorie ou de stimulation sexuelle pendant leur consommation. Si on en croit Lesley Hensel, auteur du livre « Cannibalism as a Sexual Disorder (Le cannibalisme comme trouble sexuel », la chair humaine peut augmenter la présence de vitamine A dans l'organisme d'aminoacides (acide aminé). En 2002, Steven Scher, psychologue de l'université de l'Illinois, fait une étude en demandant aux personnes de répondre à des questions liant le cannibalisme au sexe. Il en ressort que les gens déclarent vouloir manger uniquement les personnes qui les attirent sexuellement avec parfois un gain financier. C'est le cas de Fritz Haarman un allemand, sadique sexuel, qui attire chez lui des enfants sans logis en échange d'un repas et d'un toit. Entre 1918 et 1924 il assassine une cinquantaine d'enfants pauvres pour les découper et les vendre au marché noir comme des morceaux de porc et de cheval.

Ce qui motive surtout le cannibale est le contrôle total sur sa victime. Pour lui, c'est le summum de la domination, même si pour le japonais Isei Sagawa il s'agissait d'un acte d'amour. Il ne fait aucune distinction entre le plaisir charnel et le plaisir de dévorer celle qu'il aime. On peut alors parler d'un acte d'agression qui consiste à assassiner la personne que l'on veut dévorer au même titre que l'on prépare un repas. Ainsi Anna Zimmerman, une jeune allemande, représente l'une des seules femmes à avoir pratiqué le cannibalisme, réservé d'habitude aux hommes. Elle a assassiné son ami lors d'une violente dispute, démembré et congelé le corps pour le servir aux repas pris en commun petit à petit avec ses enfants.

De nombreux tueurs ont utilisé le cannibalisme que ce soit par motivations sexuelles ou sadiques. La douleur et la peur que ressentent leurs victimes sont très importantes pour eux, leur provoquant une vive excitation rien qu'à la vue de la chair ou du sang qui les conduisent parfois à mordre celle-là ou à boire celui-ci. Au fur et à mesure de leurs méfaits, ils deviennent la plupart du temps de plus en plus sadiques et de plus en plus violents. Dahmer a d'abord démembré ses victimes et a gardé des parties de leurs corps comme souvenirs. Mais ses meurtres n'ont fait eux aussi qu'empirer et il a fini par manger certaines d'entre elles. Beaucoup de meurtriers comme Ted Bundy qui mordait ses victimes seraient sans doute devenus des cannibales avec le temps, si la police n'avait pas mis fin à leurs agissements.

En 2002, la police Ukrainienne a arrêté trois hommes et une femme qui avaient assassiné et mangé six personnes dont une jeune femme de 18 ans. Les policiers ont découvert « des livres de magie noire » chez l'un des tueurs, un homme de 53 ans, et ont expliqué que les assassins avaient tué la jeune femme, l'avaient scalpée, avaient fait bouillir sa tête décapitée et l'avaient mangée avant de découper ses organes internes.

Le cannibalisme spirituel ou rituel n'est pas obligatoirement le fait de groupes. De nombreux cas de cannibalisme individuel incorporent des aspects spirituels ou rituels dans leur pratique. Dahmer et Kemper ont affirmé que, lorsqu'ils consommaient leurs victimes, ils pensaient qu'elles devenaient spirituellement une partie d'eux-mêmes.

Ils pensaient également que leur cannibalisme leur permettait d'absorber leur force ou leur pouvoir...

Dans le domaine de la psychologie, il existe un débat sur les facteurs qui conduisent une personne à perpétrer le cannibalisme de manière criminelle. On discerne plusieurs théories, du stress intense et soudain au « sur-nourrissement » du bébé durant les premiers mois de sa vie. Il y a peu de preuves pouvant confirmer la plupart de ces théories. Néanmoins, certaines proposent un cadre à l'intérieur duquel on peut obtenir une meilleure compréhension des facteurs psychologiques envisageables derrière le cannibalisme.

De nombreux cannibales, tels Andrei Chikatilo, Albert Fish et Issei Sagawa, ont été désignés comme schizophrènes. La schizophrénie englobe « plusieurs désordres psychotiques ayant des manifestations cognitives, émotionnelles et comportementales reflétant un clivage ou une dissociation entre les fonctions de sensation et d'émotion, ainsi qu'une dissociation entre la pensée et la conscience ».

Il reste encore de nombreuses recherches à mener dans le domaine particulier qu'est le cannibalisme criminel moderne. Bien qu'il existe de nombreuses théories, peu d'entre elles expliquent totalement pourquoi certaines personnes mangent de la chair humaine...

La nécrophilie

La nécrophilie est avant tout un fantasme lié à la possession. Dans le cas présent, cette possession concerne les cadavres. Leurs auteurs commettent parfois des actes violents ou surprenants qui peuvent aller jusqu'au plus répugnant : l'acte sexuel. Plusieurs tueurs célèbres ont commis des crimes uniquement pour satisfaire cette pulsion, le crime pour eux n'étant qu'un moyen de la satisfaire.

Si on en croit les études psychiatriques réalisées, la passion nécrophile peut se révéler chez un être lorsque sa victime l'a rejeté de son vivant. Il va de soit naturellement que le sujet était déjà prédisposé à ce genre d'attirance. Ainsi, une fois décédée, sa proie réduite à l'état de cadavre n'exerce aucune résistance à la pratique sexuelle voulue par son auteur, le nécrophile n'est pas rejeté et peut ainsi assouvir son désir sexuel.

Trois catégories ont été répertoriées et publiées dans une revue par le docteur Jonathan Rosman et le docteur Philip Resnick de l'école de médecine de l'université Case Western de Cleveland dans l'Ohio. L'homicide nécrophile, réputé le plus dangereux, qui va jusqu'au meurtre pour obtenir son cadavre, la nécrophilie régulière qui utilise des cadavres par la profanation des sépultures ou des morgues pour un plaisir sexuel, et enfin, le moins dangereux, qui souligne un simple dérangement psychique, le fantasme nécrophile, envisager son acte sans jamais le pratiquer. Leur étude porte sur 122 cas découverts, la majeure partie appartenant à la seconde catégorie dont les auteurs étaient employés dans des morgues ou des établissements en relation avec le monde funéraire.

Toutefois, si on en croit un autre psychiatre, Paul de River, il estime que les nécrophiles sont également des psychopathes. Ainsi, il relate dans l'un de ses ouvrages les aventures d'un fossoyeur italien qui se masturbe pendant qu'il enterre une jeune femme. Par la suite, il aime obtenir de nombreux orgasmes en ayant des rapports sexuels avec les cadavres. Il est surpris un jour avec la bouche sur le sexe d'une femme décédée. C'est uniquement lors de son arrestation qu'il avoue ses nombreuses relations nécrophiles. Rien dans son entourage ou son milieu familial ne laissait supposer cette perversité. C'est tout comme le cas d'un autre homme, employé de pompes funèbres, qui se masturbait sur les cuisses des cadavres pendant l'embaumement. Ce n'est pas moins de cinq rapports sexuels hebdomadaires qui le poussent un soir à sucer le sang et l'urine d'une adolescente décédée. Il désirait, dans un second temps, mâcher les parties de son corps mais se résigna à lui mordre les fesses avant de la sodomiser.

L'histoire est riche de ces comportements pour le moins hors normes comme celle qui veut que le roi Hérode tue sa femme mais continue durant sept ans de faire l'amour à son corps. 90% des nécrophiles sont masculins mais il existe aussi des femmes, comme cette apprentie embaumeuse qui expliqua que durant son stage de quatre mois elle a eu des relations avec des cadavres alors qu'elle était dans l'impossibilité d'éprouver un orgasme avec les vivants. Un blocage expliqué par la violence dont elle a été victime durant son enfance et ses viols pendant son adolescence. Le fait qu'un corps mort ne puisse bouger la rassure et lui permet ainsi d'atteindre son plaisir. Les femmes restent minoritaires dans cette pratique, la plus connue étant Karen Greenlee qui, bien que n'ayant commis aucun meurtre, a été très attirée par les cadavres masculins.

C'est en 1979, alors qu'elle conduisait le cadavre d'un homme âgé de 33 ans à sa sépulture, qu'elle partit avec le corbillard et le cercueil pour se rendre chez elle. Elle avait déjà éprouvé à maintes reprises cette attirance. Dans le cercueil, une longue lettre de confession des expériences érotiques qu'elle a pratiquées avec une vingtaine de cadavres est retrouvée. Sans pouvoir expliquer cette attirance, elle déclare ne pouvoir s'y soustraire. Renvoyée de son emploi, elle explique lors d'une interview ces moments en détail, humant l'odeur du lieu, du corps embaumé. Elle déclare alors être entrée plusieurs fois par effraction dans des morgues pour ouvrir des tombes. La honte a fait place, petit à petit, à l'acceptation de ses pulsions.

Bien que la catégorie de nécrophiles assassins compte plus de la moitié d'homosexuels, la majeure partie des nécrophiles sont hétérosexuels. Le désordre de la personnalité n'est diagnostiqué que pour 60 % des cas avec 10% de psychotiques. C'est surtout le métier, pour ces personnes qui développe leur attirance : aide-soignant, gardien dans une morgue, assistant de salon funéraire, clerc, employé de cimetière et soldat, même s'il ne faut pas cataloguer une profession qui n'est pas à l'origine de l'attirance vers la nécrophilie.

On doit les premiers travaux sur la nécrophilie à un neurologue allemand, Richard Von Krafft-Ebing, qui fait l'inventaire des cas où des actes érotiques ont été commis avec ou à proximité d'un cadavre. En France, c'est celui du Sergent François Bertrand qui en 1849 déterra à mains nues un corps pour le violer. Son forfait accompli, il coupa les morceaux du cadavre avec une bêche pour éparpiller les morceaux. Arrêté pour 15 profanations différentes, il n'est condamné qu'à un an de prison et se suicide peu après sa libération. Même si certaines cultures ont durant un temps placé les pratiques nécrophiles à un rang spirituel élevé, désormais la majorité des personnes considèrent cette pratique avec dégout et consternation.

Il faut savoir qu'on considère l'acte sexuel avec un cadavre inacceptable surtout pour la raison qu'il y a absence de consentement et pour cause. La plupart des sociétés considèrent cet acte comme une forme d'irrespect ajoutée d'une perversion abominable. Les tueurs en série comme Ed Gein et Jeffrey Dahmer ont également dévoré tout ou en partie leurs victimes après les avoir tuées et parfois violées.

En France c'est l'article L 225-17 du code pénal qui punit ces agissements : « Toute atteinte à l'intégrité du cadavre, par quelque moyen que ce soit, est punie d'un an d'emprisonnement et de 15 000 euros d'amende. La violation ou la profanation, par quelque moyen que ce soit, de tombeaux, de sépultures, d'urnes cinéraires ou de monuments édifiés à la mémoire des morts est punie d'un an d'emprisonnement et de 15 000 euros d'amende. La peine est portée à deux ans d'emprisonnement et à 30 000 euros d'amende lorsque les infractions définies à l'alinéa précédent ont été accompagnées

CRIMINOLOGIE Débats & réflexions

d'atteinte à l'intégrité du cadavre. ». Au Royaume Uni c'est la pénétration sexuelle d'un cadavre qui est illégale. Aux Etats-Unis, il faut attendre 2004 pour que le gouverneur de l'Etat de Californie Arnold Schwarzenegger signe un projet de loi qui rend un tel acte criminel.

De nombreux ouvrages, pièces de théâtre ou films, traitent du sujet avec plus ou moins de sérieux. Au cinéma, les caricatures de cannibales et zombies attirent les foules en mal de sensation, ce qui laisse à penser que la perversité est sans doute encore un mal du siècle à moins qu'il ne s'agisse que d'un voyeurisme malsain...

Peine de mort

CRIMINOLOGIE Débats & réflexions

Les origines de la guillotine

C'est à Paris, pendant les révoltes du peuple, quelques années avant la Révolution française de 1789 que l'on célèbre chaque 14 juillet, que va naître cette machine, dont le docteur Guillotin va donner son nom, bien malgré lui.

Le docteur Joseph Ignace Guillotin n'est pas en effet l'inventeur de cette machine. Député de Paris en 1789, c'est un médecin de formation qui décide de participer activement aux différents débats souhaités par l'Assemblée constituante. Le débat qui lui tient à cœur est notamment celui sur la réforme du code pénal et son volet sur les exécutions capitales. Il faut préciser qu'avant la Révolution française, il existait plusieurs manières de subir le châtiment suprême, en fonction de la nature du crime, mais aussi de sa position dans la société française. Ce qui était tout à fait inacceptable pour les idées révolutionnaires où chaque homme est égal, aussi bien devant la vie que devant la mort.

On distingue d'abord l'homme qui détient des titres de noblesse, pour lui, pas de souffrance inutile, il est décapité au sabre. Le bandit, pour sa part est conduit en place publique pour être roué de coups jusqu'à ce que mort s'en suive, ce qui pouvait durer longtemps. Pour le régicide (qui s'est rendu coupable de l'attaque ou du meurtre d'un roi ou d'un noble) c'est l'écartèlement. Joseph Ignace Guillotin, en rendant ses travaux devant l'assemblée constituante demande à ce que chaque « citoyen » soit traité de la même manière et ainsi égal devant la loi.

Il appuie son argument sur le fait que souvent, durant les exécutions, et plus particulièrement pour les gens du peuple, des souffrances inutiles soient effectuées. Dans le cas d'un écartèlement, il n'était pas rare d'être obligé de suspendre l'exécution pour sectionner certains nerfs récalcitrants. De même le bandit placé sur une roue pour y être battu à coups de gourdins souffrait le martyr. Il n'est pas rare, non plus lors d'une décapitation que le sabre ne sectionne la tête du premier coup, il faut alors recommencer l'opération dans une souffrance horrible dénouée de tout acte de justice comme on peut s'en douter. Les débats vont bon train jusqu'à ce que l'assemblée décrète en 1791 dans son article 3 du code pénal : « Tout condamné aura la tête tranchée ».

Charles-Henri Sanson qui est en charge des exécutions en sa qualité de « bourreau de Paris », fait part à l'assemblée des difficultés engendrées par cette décision de condamnation unique dès que le décret est publié. En effet, décapiter au sabre et à la chaîne représente une source de fatigue inouïe qui pourrait non-seulement multiplier les erreurs et les souffrances mais également une usure plus prononcée du matériel s'il doit trancher plusieurs têtes dans la même journée. Certes le député Guillotin avait avancé devant l'assemblée l'idée de concevoir une machine pour effectuer la besogne, mais cette assemblée n'a pas donné suite et la publication du code pénal n'apportait pas non plus de réponse.

Avec l'interpellation de Sanson, cette fois l'assemblée constituante décide de missionner le député et médecin Joseph Ignace Guillotin ainsi que Antoine Louis, secrétaire perpétuel de l'académie royale et médecin du roi d'aider le « bourreau de Paris » dans ses recherches afin de mettre en place une machine qui permettrait de faire le travail. Les trois hommes ont de nombreuses discussions aussi bien politiques que philosophiques. Le docteur Guillotin quant à lui apporte également des réflexions anatomiques.

C'est avec ces travaux conjoints que va naître la célèbre machine qui portera quelques années plus tard le nom de « la guillotine ».

Antoine Louis et Joseph Guillotin dessinent les premiers plans d'une machine placée sur un échafaud. Le chirurgien et le médecin s'inspirent d'une machine qui existe déjà en partie, d'origine écossaise et allemande, avec un tranchoir entre deux montants en bois. Il améliore son mécanisme et remplace le couperet en forme de croissant par un couperet en forme de trapèze. Cette modification est révélée dans une anecdote.

La scène peut sembler pour le moins farfelue. En effet, vous est-il venu à l'esprit que le Christ prodigue des conseils aux romains sur la manière de planter un clou qui deviennent ses bourreaux pour l'exécuter, voir encore à Jeanne d'Arc expliquer aux anglais comment allumer un feu ? Et pourtant. Un exemple de l'histoire demeure une particularité bien à part de ce phénomène. Toujours respectant sa volonté de ne plus faire souffrir le condamné. Persuadé que la torture souvent pratiquée n'était pas une réponse de justice, mais un acte de barbarie souvent inutile. Il n'était pas nécessaire à ses yeux que l'auteur d'un crime qui méritait la peine de mort prononcée par l'Etat ne puisse souffrir.

Le docteur Guillotin demande audience au roi Louis XVI, il sait que ce dernier est très intéressé par les technologies et assez intelligent pour apporter ses lumières dans l'élaboration d'une modernité à un projet en panne d'idée. Le résultat de cette anecdote vient des confidences retrouvées du petit fils de Charles Henri Sanson, le célèbre bourreau de la révolution qu'il consignait dans ses carnets.

Nous sommes le 2 mars 1792, lorsque le docteur Guillotin est reçu par le monarque, il lui présente sa machine, insistant sur le fait qu'avec celle-ci, c'est la fin assurée de la souffrance du condamné et l'égalité de chaque homme ou femme devant le châtiment suprême. Nous sommes seulement onze mois avant l'exécution du roi, le 21 janvier 1793 place de la Concorde, et qui est déjà victime d'une impopularité grandissante.

Sanson accompagne le docteur Guillotin pour présenter ses premiers dessins, Tobias Schmidt, un fabriquant de clavecin, présenté comme l'ancêtre du piano, accompagne pour sa part le docteur Antoine Louis, le médecin personnel du Roi. C'est Tobias, normalement, qui sera chargé de la construction de la machine à décapiter, tout au moins pour la partie boisée. Le médecin pour sa part, en sa qualité de secrétaire perpétuel de l'académie royale de chirurgie avait été chargé quelques mois auparavant par le comité de législation de concevoir définitivement l'instrument de mort. C'est en entendant parler du projet que le médecin voulait obtenir l'avis de son souverain. C'est devant le roi que le docteur Guillotin déplie ses plans laissant entrevoir les premières esquisses de sa machine. Sur une table de velours vert orné d'une frange d'or, on découvre ainsi les détails de celle-ci dessinée par Sanson qui renvoie à une légende explicative chaque détail de l'instrument dont une lettre alphabétique est entourée.

Les quatre hommes sont penchés sur le précieux document, lorsque parmi eux un homme habillé le plus simplement du monde se glisse entre eux. La tête fatiguée et ses traits tirés ne reflètent pas que l'homme n'est âgé que de 37 ans. Aucune décoration, ni couronne, pas plus que de dentelles laissent à penser qu'il s'agit du roi. Toutefois, il est reconnu par ses visiteurs qui s'inclinent devant lui avec respect.

Le monarque après avoir consulté les plans s'adresse à son médecin et lui déclare : « Eh bien ! Docteur, qu'en pensez-vous ? Le médecin sans hésiter se montre satisfait ce qui n'est pas du goût apparemment du roi. Il examine de nouveau la machine et en montrant la lame déclare : Ce fer en forme de croissant, est-il bien là ce qu'il faut ? Pensez-vous réellement qu'une pièce de fer, si lourde soit-elle ainsi découpée s'adapte à toutes les têtes pour en trancher le cou ? Pour certaines têtes elle ne ferait que d'entamer la chair, pour d'autres elle ne l'embrasserait même pas !

Machinalement Sanson regarde le cou de son souverain, il constate effectivement que ce dernier qui n'est pas des moins épais, ne pourrait être tranché par une lame à demi ronde. De plus son manque de longueur ne terminerait pas le travail. Louis Capet s'adresse à son médecin à voix basse et désignant le bourreau demande : « Est-ce l'homme ? Devant la réponse affirmative du praticien, le monarque insiste pour que son avis soit entendu.

Sanson, fier que l'on lui demande son avis, répond sans se faire prier : « Votre majesté a raison, la forme du couperet peut amener de nombreuses difficultés. Louis est satisfait, il constate qu'aux heures sombres de son histoire, son avis est encore parfois utile. Il se saisit d'une plume d'oie, la trempe dans l'encrier et d'un trait sur la lame dessine une barre oblique rallongée, transformant la lame ronde en un triangle plus long. D'un large sourire, le futur tranché royal ajoute : « Du reste, je puis me tromper, et lorsqu'on fera des expériences, il faudra essayer les deux manières ! »

La mécanique à trancher les têtes de la période révolutionnaire est un instrument qui pèse 580 kg, dont 40 kg pour l'ensemble mouton-couperet (qui se répartit de la façon suivante : 30kg de poids mort, 7kg pour le couperet et 3 boulons de 1 kg chacun). La hauteur des montants est de 4,50 m et la chute du couperet se fait sur une hauteur de 2,25 m.

Louis XVI attendra le 21 janvier 1793 pour tester l'efficacité de son invention. En tout cas, après

« cou », il n'a pas apporté de remarques... Une anecdote qui restera dans l'histoire comme sans doute la plus énigmatique. Pourtant les observateurs du monde entier sont tous unanime pour reconnaitre que la guillotine est sans doute la peine la plus rapide pour le condamné mais aussi celle qui est la plus immédiate supprimant toute souffrance inutile, sinon l'attente pour arriver jusqu'à l'échafaud...

La rencontre entre Joseph Guillotin (Jacques Ciron) et le roi Louis XVI (Jean-François Balmer) a été portée à l'écran par le film « La Révolution française », un film historique franco-italo-germano-canadien en deux parties, « Les Années-lumière » de Robert Enrico et « Les Années terribles » de Richard T. Heffron qui sort sur les écrans en 1989. Bien que le film soit un échec commercial malgré son budget de 300 millions de francs (environ 45 millions d'euros), il reste une œuvre complète sur la Révolution française.

L'œuvre cinématographique avec de nombreuses personnalités du cinéma sort pour fêter le bicentenaire de la Révolution française. Sans doute qu'il convient aujourd'hui de revoir cette œuvre, en commandant le DVD ou en se rendant dans les bibliothèques dont certaines en ont fait l'acquisition. Il est plus facile, surtout pour la jeune génération de découvrir ce passage de notre histoire grâce à des images plutôt que de lire plusieurs ouvrages qui, à mon sens, sont particulièrement indigestes et très difficilement compréhensibles sauf pour le public averti.

On décide donc, en avril 1792 de faire une première expérimentation sur des moutons vivants, l'essai est plus que concluant. C'est ainsi que l'on décide le 17 avril 1792 de transporter l'imposante machine dans la cour de la prison de Bicêtre (jusqu'en 1836 avant de devenir un hôpital) pour y décapiter des cadavres de prisonniers. Plusieurs membres de l'assemblées constituante, médecins et notables sont subjugués par l'efficacité et la simplification de son utilisation lors de la démonstration. Après un ultime vote devant l'assemblée, les députés se décident à franchir le pas afin de procéder à la première exécution publique d'un prisonnier avec la nouvelle machine.

On installe la machine en place de Grève pour exécuter Nicolas Jacques Pelletier, le 25 avril 1792. Lors des exécutions, la foule est toujours nombreuse, ce jour-là sans doute encore plus attiré par la curiosité de cette machine qu'elle a vue installée depuis la veille et qui suscite l'intérêt. Pourtant le peuple est déçu par « le spectacle ». Habituée aux longues exécutions et l'agonie des condamnés, elle juge l'exécution trop rapide se mettant à huer « le bourreau », mais pour les médecins Guillotin et Louis, la mission est remplie. Une souffrance quasi inexistante, mis à part l'appréhension suscitée par l'attente, et l'égalité de la peine pour tous les condamnés.

Pourtant la machine n'a pas tout de suite le nom de « guillotine », on l'appelle d'abord « la louisette », en l'honneur du docteur Louis ou encore « le moulin à silence » et « la cravate à Capet » après la chute de la monarchie (Louis XVI porta en effet le nom de Louis Capet), d'autres noms voient le jour comme « le raccourcissement patriotique », « le rasoir national ». Dans les années 1900, on lui attribue également le sobriquet « la bascule à charlot » et enfin « la guillotine » c'est ce dernier terme qui restera dans l'histoire. Au grand désespoir du docteur Guillotin…

C'est sans doute sa plaidoirie le 1er décembre 1789 pour défendre ses idées qui lui vaut le sobriquet attribué, il avait en effet déclaré : « Avec ma machine, je vous fais sauter la tête en un clin d'œil, et vous ne souffrez point. La mécanique tombe comme la foudre, la tête vole, le sang jaillit, l'homme n'est plus… ». Une autre légende consiste à dire qu'il a été victime de sa machine, il n'en ait rien, Joseph Ignace Guillotin est décédé chez lui de mort naturelle, un anthrax (une maladie infectieuse grave causée par des bactéries) à l'épaule gauche le 26 mars 1814 à l'âge de 75 ans. L'erreur historique vient en fait d'un autre homme, un médecin lyonnais homonyme, J.M.V Guillotin exécuté par guillotine qui n'avait aucun lien de parenté avec Joseph Ignace Guillotin…

De Samson à Goldman

En 1803 le règne de Napoléon Bonaparte avait supprimé la royauté définitivement pour instaurer un empire. Adieu donc les souvenirs d'un monarque, Roi de France décapité par son bourreau un jour de janvier 1793, le 21 si est besoin de le rappeler.

Mais voilà la France est riche en petites histoires parfois cocasses, parfois saugrenues, mais toujours intéressantes, car elles reflètent continuellement un passage de notre patrimoine. Depuis la fameuse date de 1803, une messe était donnée à Paris tous les ans à la mémoire du Roi Louis XVI et de son épouse Marie-Antoinette. Messe donnée par une organisation royaliste ? Pas du tout ! Il s'agit d'une cérémonie dont l'instigateur n'est d'autre que l'exécuteur du roi et de la reine. Cette messe a existé pendant plusieurs années avant de disparaître dans l'oubli.

Ce bourreau qui s'appelait Sanson a dans un premier temps, tenté d'échapper à sa responsabilité d'exécuteur pour les « hautes œuvres », mais on n'échappe pas à son destin, surtout lorsqu'on est le seul à être habilité à monter les « bois de justice », ces montants en bois qui supporte le glissement de la lame de la veuve. Frappé par la dignité du Roi, sa bonté, il perdit la parole et au fur et à mesure la raison.

Il ne faut que quelques malheureux mois pour faire mourir de chagrin le pauvre bougre qui se verra également dans l'obligation d'exécuter Marie-Antoinette en octobre de la même année. Il laisse toutefois une somme conséquente pour permettre l'organisation d'une messe en l'honneur de son Roi qui, avant la révolution, lui avait confié le poste d'exécuteur. Marquée par l'exécution de la reine, qui s'excusa même sur l'échafaud de lui avoir marché sur le pied, il écrit un poème qui devient plusieurs années plus tard, une chanson. Cette œuvre qui date donc de la Révolution française a été composée par Sanson. C'est en 1985 que le chanteur et compositeur Jean-Jacques Goldman aura l'idée de le mettre en musique, d'une façon pour le moins moderne, mais qui a permis de faire connaître un texte d'une grande sensibilité, avec néanmoins une certaine bizarrerie.

Je voulais simplement te dire
Que ton visage et ton sourire
Resteront près de moi, sur mon chemin

Un projet certes un peu fou de la part de Sanson qui voulait voler la tête de Marie-Antoinette pour la promener un peu partout, afin que son visage l'accompagne sur le chemin de ses déplacements.

Te dire que c'était pour de vrai
Tout ce qu'on s'est dit, tout ce qu'on a fait
Qu'ce n'était pas pour de faux, que c'était bien

Le côté redondant de Sanson ne laisse aucun doute sur ses motivations

Faut surtout jamais regretter,
Même si ça fait mal, c'est gagné.

Effectivement, lorsque Marie-Antoinette marche sur le pied de son bourreau, elle s'excuse et lui qui reste magnanime lui pardonne en lui assurant que ce n'était pas grave.

Tous ces moments, tous ces mêmes matins

Sanson est habitué à couper des têtes tous les matins, il n'a rien à regretter car c'est son boulot, il faut bien que quelqu'un le fasse c'est comme ça

J'vais pas te dire qu'faut pas pleurer
Y'a vraiment pas d'quoi s'en priver
Et tout ce qu'on n'a pas loupé, le valait bien
Peut-être on se retrouvera,
Peut-être que, peut-être pas,

On reconnaît bien au travers de ce couplet qui ne veut pas dire grand-chose, les origines normandes de Sanson « Peut-être bien que oui, peut-être bien que non ».

Mais sache qu'ici-bas, je suis là.

Contrairement à Marie-Antoinette qui à l'arrivée de cette phrase est déjà morte

Ça restera comme une lumière
Qui m'tiendra chaud dans mes hivers.
Un petit feu de toi, qui ne s'éteint pas.

Là, on se rend compte que le bourreau a complètement perdu la tête : En effet, après avoir emporté la tête de Marie-Antoinette sur son chemin, il comptait la vider telle une citrouille d'Halloween, afin de planter dans le crâne de la défunte une bougie. "Un petit feu de toi qui s'éteint pas", c'est bien dit quand même…

Le dernier exécuteur

Le 9 octobre 1981, le parlement abolit la peine de mort sous l'impulsion du garde des sceaux, Robert Badinter, afin d'honorer une promesse de campagne du candidat François Mitterrand, élu Président de la République le 7 mai 1981.

C'est à Charray, une ancienne paroisse située dans le département d'Eure-et-Loir et rattachée depuis le 1er janvier 2017 à la commune nouvelle de Cloyes les Trois Rivières que se retire le dernier exécuteur des arrêts criminels Marcel Chevalier. Lui qui n'a pratiqué que deux exécutions en qualité de chef exécuteur des arrêts criminels. Né en 1921, il décède le 8 octobre 2008 à la clinique du Saint-Cœur à Vendôme à l'âge de 87 ans. A l'entrée du cimetière du village c'est une tombe ordinaire, semblable aux autres presque oubliées, dans laquelle repose cet imprimeur typographe exerçant à Montrouge avant de devenir celui qui exécutera Jérôme Carrein le 23 juin 1977 à Douai et Hamida Djandoubi le 10 septembre 1977 à Marseille. Le discours de Robert Badinter le 18 septembre 1981 sonna la fin de sa carrière.

Durant quelques années, Marcel Chevalier continue d'exercer son premier métier d'imprimeur avant de se retirer définitivement de la vie active à Charray en compagnie de son épouse. Certes, les habitants connaissaient la charge qu'il a effectuée par le passé, mais personne ne lui en parlait jamais. C'est volontiers qu'il participait avec les habitants de la commune aux différentes manifestations et banquets des anciens. C'est en 1947 qu'il rencontre Marcelle Obrecht qui n'est autre que la nièce de l'exécuteur André Obrecht et parente des bourreaux Anatole Deibler et Jules-Henri Desfourneaux. Marcel Chevalier l'épousa l'année suivante.

Marcelle lui donna deux enfants, un garçon et une fille, le choix du roi, avant qu'André Obrecht lui propose de devenir « aide bourreau » dont la tâche principale est de préparer le condamné. C'est ainsi qu'à compter de 1958 et ce jusqu'en 1976, il participe à une quarantaine d'exécutions. Certaines restées célèbres comme la doublette de Buffet et Bontems en 1972 juste après la mutinerie de Clairvaux qui se soldera par la mort d'une infirmière et d'un gardien de prison. Tout comme celle de Christian Ranucci en 1976 que l'on considère à tort comme le dernier condamné à mort et qu'on essaie de faire passer pour la victime d'une erreur judiciaire malgré sa réelle culpabilité.

C'est le 29 septembre 1976 qu'il devient exécuteur en chef après que son oncle par alliance André Obrecht ait fait valoir ses droits à la retraite. Comme c'est l'usage, l'Etat verse à l'exécuteur une somme annuelle pour lui permettre d'entretenir la guillotine et payer ses aides. En 1977, il se fait accompagner de son fils afin de le préparer à la reprise du flambeau familial. Marcel Chevalier a toujours fait preuve de beaucoup de discrétion sur la charge qui lui incombait en refusant les interviews, excepté un seul en 1980 au journal « Libération ».

Marcel Chevalier a toujours été favorable à la peine de mort sans aucun état d'âme. Selon lui, le fait d'exécuter des assassins ne lui provoquait aucun remord. D'autre part, il signalait comme d'autres exécuteurs avant lui, qu'il n'était que le bras armé de la justice ; son travail ne consistait pas à commenter une sentence, mais bien à exécuter celle ordonnée par un jury populaire.

La veuve de Marcel a toujours insisté sur le fait que son époux n'aimait pas le terme de « bourreau » qui selon lui avait une consonance de torture souvent pratiquée au moyen-âge. Il a toujours privilégié le terme « d'exécuteur des hautes œuvres » qui fait référence à l'exécution d'une décision de justice. Son mari ne parlait pratiquement jamais de la tâche assignée. Prévenu quelques jours avant par courrier officiel, il prenait sa valise et partait sur le lieu choisi. Honnête et travailleur, il n'a jamais manqué une journée à l'imprimerie, cette tâche ne l'incombait que la nuit, sauf quand l'exécution se passait loin de Paris. Marcel Chevalier n'a jamais voulu écrire de livre sur ce sujet dans le but de gagner de l'argent.

Mitterrand et la guillotine

François Mitterrand est élu le soir du 8 mai 1981, Président de la République. Lors de sa campagne, il avait promis l'abolition du châtiment suprême et c'est par la voix de son garde des sceaux Robert Badinter qu'il l'obtient du parlement le 9 octobre de la même année.

Pourtant l'histoire des années 1980 a cru bon d'oublier que le même François Mitterrand, vingt-cinq ans auparavant était le ministre de la justice d'un certain Guy Mollet président du conseil. En effet en 1956, il était Ministre d'État, chargé de la Justice sous l'étiquette de l'UDSR (Union démocratique et socialiste de la Résistance). C'est à ce titre, qu'il approuve sans restriction aucune, les premières exécutions des militants du FLN (Front de Libération Nationale). C'est en consultant les précieuses archives de la chancellerie que l'on peut découvrir l'avis défavorable de François Mitterrand dans les demandes de grâce adressées au Président de la IVème République René Coty.

Même si la formule diffère quelque peu entre « recours à rejeter » ou « avis défavorable », nous sommes loin de la pensée soi-disant abolitionniste de monsieur Mitterrand. René Coty, quant à lui qui est le seul à détenir le pouvoir accède le plus souvent à l'avis de son ministre d'Etat et selon la formule consacrée « laisse la justice suivre son cours ». Outre le fait que les dossiers des condamnés sont dramatiquement minces, on observe que ce n'est pas moins de 222 hommes qui verront ainsi leur grâce refusée.

Lorsque François Mitterrand est nommé le 2 février 1956 dans le gouvernement de Guy Mollet, il est âgé de 39 ans. En Algérie la colère gronde, c'est grâce à son expérience passée où il a été 7 fois ministre qu'il est enfin nommé à ce poste de la justice. Il connaît bien le problème algérien et lorsque l'insurrection éclate le 1er novembre 1954, c'est sans se cacher le moins du monde qu'il fait entendre sa position : « L'Algérie, c'est la France [...] ceux qui veulent l'en dissocier seront partout combattus et châtiés... » Pour plaire aux européens d'Algérie, il sait qu'il va devoir faire tomber des têtes. Les nombreuses condamnations à mort prononcées jusqu'à présent n'ont pas encore été exécutées. Sans plus attendre avec quatre autres ministres il publie au journal officiel deux lois importantes (56-268 et 56-269), elles ont pour but de permettre la condamnation à mort des membres du FLN pris la main dans le sac, sans qu'aucune instruction ne soit nécessaire. Le plus paradoxale est que François Mitterrand est pourtant avocat de formation, mais cela ne l'empêche pas d'endosser la responsabilité de ce texte.

Durant les « événements » les condamnations à mort s'envolent littéralement. Pas moins de 1 500 sont prononcées. Le fait de parler « d'événements » et non pas de guerre a le côté pratique d'éviter la reconnaissance aux militants du FLN de soldats ennemis, ils sont donc jugés comme des criminels. C'est le 19 juin 1956 que les deux premiers sont conduits à l'échafaud. Si on en croit Pierre Nicolaï qui à l'époque était le directeur de cabinet du ministre, c'était avant tout une décision politique.

Abdelkader Ferradj, âgé de 35 ans est le premier élu pour servir d'exemple. Certes, ce n'est pas un enfant de cœur, déserteur, il a participé à une embuscade contre un car de tourisme le 25 février 1956. Six personnes vont trouver la mort dont une petite fille de sept ans L'autre bougre Mohamed Ben Zabana est un nationaliste habitué des prisons françaises. Malgré le fait que sa cause est plaidée par monseigneur Duval, archevêque d'Alger, au motif qu'il est infirme au ministre Robert Lacoste qui réside en Algérie, c'est lui qui passera le premier sur la bascule, suivi de sept minutes par Abdelkader Ferradj.

Chaque exécution donne lieu de la part du FLN à des représailles. Le Front de Libération ordonne à ses soldats de tuer n'importe quel européen de 18 à 54 ans exceptés les femmes et les personnes âgées. Dix jours après, le bilan est édifiant 43 victimes sont assassinées ou blessées sous les balles des commandos du FLN. L'escalade de la violence s'emballe tout comme la guillotine, Mitterrand tient bon, jusqu'au 22 mai 1956 où Pierre Mendès France, ministre d'Etat mais sans portefeuille est en désaccord avec la politique de Guy Mollet et claque la porte du gouvernement.

16 exécutions capitales ont eu lieu du 3 au 12 février 1956 Enfin, le 14 février, il signe avec trois autres ministres une loi qui permet d'accélérer les recours en grâce. Quand il quitte son bureau de la place Vendôme, le 21 mai 1957, 45 condamnés à mort ont été exécutés en seize mois.

De cette période en tout cas, François Mitterrand parlait fort peu, admettant que cette mesure avait eu pour conséquences des peines capitales et des pertes de vies humaines : « J'ai commis au moins une faute dans ma vie, celle-là, disait-il ». Certains biographes ont tenté en rédigeant ses mémoires de faire croire qu'il avait durant la présidence de René Coty essayé de sauver quelques têtes, mais l'examen des avis portés sur les dossiers des condamnés à mort. Comme le souligne Sylvie Thénault dans son livre « une drôle de justice » aux éditions « La Découverte ».

Même sur la peine de mort en général, François Mitterrand reste très silencieux. Sans doute la peur que lui soit jeté au visage les seize mois de son passage au gouvernement Mollet alourdis des condamnations à mort par ses adversaires. Durant les années qui le séparent de son élection comme chef de l'Etat, une demi-douzaine de texte visant des propositions de l'abolition de la peine de mort sont débattus à l'Assemblée nationale. Pas une ligne, ni un avis, si peu soit-il n'est donné par François Mitterrand.

Un peu plus de renseignements viendront de la part de Robert Badinter son garde des sceaux qui avoue dans les discussions qu'il a eu avec son Président, le souvenir « odieux » de cette période qui lui évitait d'en parler. D'après lui, il n'était pas un partisan de la peine de mort, mais pas non plus un grand militant pour son abolition. Il ne se souvient pas avoir eu la moindre discussion philosophique ou morale sur le sujet.

A la surprise de Robert Badinter ce n'est que quelques semaines avant l'élection présidentielle le 16 mars 1981 que François Mitterrand se prononce sur le sujet, mais sans prendre la position du pour ou du contre dans une émission de télévision qui restera célèbre et qui a peut-être fait pencher la balance (de justice) sur le score des élections présidentielles : « Je ne suis pas favorable à la peine de mort [...] ma disposition est celle d'un homme qui ne ferait pas procéder à des exécutions capitales »...

Aujourd'hui encore, nombreux se posent la question : François Mitterrand était-il un fervent abolitionniste de la dernière heure, ou un chef d'Etat qui ne voulait pas se retrouver avec la fameuse question de la grâce présidentielle ? Une question qui restera sans réponse. On préfère penser que l'homme politique a changé d'avis sur le châtiment suprême au fil des années pour en arriver à la conclusion qu'elle n'était pas une réponse à la criminalité grandissante, vaste sujet qui fait toujours débat. Quant à son rétablissement, même s'il faudrait quitter l'Europe pour non-conformité des traités et de plus modifier à nouveau la constitution que le Président Jacques Chirac a inscrit dans son article 66-1 que « nul ne peut être condamné à la peine de mort ».

La chaise électrique

Nous sommes en 1886 lorsque l'Etat de New-York entame une réflexion afin de pouvoir changer la méthode d'exécution des condamnés à mort. La pendaison jugée trop sévère et traumatisante pour le condamné doit trouver une méthode censée abréger les souffrances.

Thomas Edison, qui possède une grande entreprise de télégraphe, a parmi ses employés un certain Harold P. Brown qui travaille notamment avec Alfred P. Southwick, un dentiste américain, sur le principe du courant électrique et la possibilité de pouvoir accomplir l'acte de justice par électrocution. C'est grâce à la connaissance d'un accident survenu à un jeune garçon que l'idée est venue naturellement. Ce dernier a touché un câble télégraphique, privé de sa gaine de protection, et trouvé la mort instantanément. Harold va donc aider Thomas Edison à mettre en pratique à l'aide d'une chaise une des méthodes d'exécution les plus célèbres des Etats-Unis. C'est le comité de New-York qui valide l'utilisation d'un courant alternatif en 1889.

C'est sur une chaise en bois spécialement conçue pour l'occasion que le condamné à mort est placé et solidement attaché. Des électrodes lui sont ajoutés sur les bras, les jambes et sur le crâne que l'on a préalablement rasé pour offrir une meilleure conductivité. De même, la zone de contact est mouillée pour favoriser une hydrocution sensée plus rapide. Le courant est allumé avec une première décharge de 2 000 volts pendant dix secondes, ce qui permet un relâchement de l'épiderme avec une possible perte de connaissance. La deuxième phase lance une tension plus faible de 500 volts, pour éviter au corps de prendre feu durant une vingtaine de secondes. Un médecin présent vérifie que les fonctions vitales du condamné ne répondent plus avant de déclarer le décès, sinon une nouvelle série est appliquée jusqu'à la mort annoncée.

C'est le 6 août 1890 que William Kemmler, reconnu coupable du meurtre de sa femme, a le « privilège » d'essayer la chaise électrique. Réveillé doucement, il enfile son costume noir, une chemise blanche arborée d'une cravate. Après son petit déjeuner et sa prière matinale, il salue allégrement ses gardiens comme un homme qui part en balade. Il s'arrête chez le coiffeur pour lui offrir son crâne afin que ce dernier tonde le sommet de sa chevelure censé accueillir l'un des électrodes. Il est un peu plus de six heures du matin lorsqu'il pénètre dans la salle d'exécution en saluant le bourreau, Charles Durston, avec un calme à toute épreuve.

Le « bourreau » s'adresse aux 17 témoins qui peuplent l'assistance en ces termes : « Messieurs, voilà William Kemmler. Je viens de lui lire à l'instant son arrêt de mort et je lui ai dit qu'il allait mourir, et s'il a quelque chose à dire qu'il vous le dise ! »

William salue les membres et manifeste son désir d'impatience de s'asseoir sur la chaise. Il tourne le dos à Durston et commence à déboutonner son gilet. L'exécuteur lui demande d'arrêter et de se tourner vers lui afin d'examiner le trou placé dans le pantalon au niveau de la colonne vertébrale pour faire passer l'électrode ainsi que la coupe du coiffeur. Comme la chemise dépasse un peu du pantalon, il se saisit d'une paire de ciseaux pour en découper l'excédent de tissus. Tandis que Kemmler réajuste sa cravate en s'asseyant sur la chaise, les assistants fixent les membres sur les bras et les pieds de la chaise en bois.

Le condamné fait toujours preuve du même calme, il prend même la liberté d'adresser la parole aux aides et aux deux médecins Spitzka et Mac

Donald : « Prenez votre temps, et faites-le proprement, je ne suis pas pressé ! », Durston vérifie si tout est placé correctement avant de lui ajouter sur le crâne un casque métallique équipé des principales électrodes coiffées sur une éponge. Le médecin humidifie l'éponge avec de l'eau, ensuite le docteur Spitzka se penche vers le condamné et déclare : « Que Dieu vous bénisse, Kemmler ! », ce dernier répond calmement : « Merci ! ». L'exécuteur effectue les derniers réglages et demande au médecin de confirmer le temps d'exposition au courant électrique avant de passer dans un local technique construit juste à côté pour l'occasion.

L'horloge de la prison indique 06h43 minutes et 30 secondes lorsque Durston murmure à l'agent qui doit abaisser l'interrupteur du courant : « Tout est prêt ! ».

La machine lance sur Kemmler une puissance de 1 000 volts. Ce sont les médecins qui ont décidé de son intensité, à la suite d'un test concluant mené encore la veille sur un cheval. Le condamné s'arc-boute sur la chaise. Après plusieurs secondes, le médecin demande un arrêt de l'exécution, répété par son exécuteur. Les docteurs Spitzka et McDonald en s'approchant du condamné déclarent ce dernier mort. Sans doute un peu vite, car même s'il ne bouge pas en apparence, avant de l'emmener on remarque du sang qui coule encore de son pouce droit, ce qui laisse à penser que le cœur fonctionne encore, donc Kemmler est vivant. Il faut repousser l'heure de l'autopsie.

Spitzka demande que le courant soit rétabli le plus vite possible car l'homme n'est pas mort. Les médecins se reculent pour ne pas être touché par la décharge électrique. Durston se rend dans la pièce voisine, alors que le condamné qui bave, sort de sa gorge un son très roque et caverneux. L'assistance choquée par le spectacle assiste impassible à cette attente interminable avant que le courant ne puisse revenir. En effet, il faut que le générateur se remette en route, afin de produire la puissance nécessaire. Les yeux horrifiés par la scène, un des membres perd connaissance. On décide de porter la puissance à 2 000 volts, alors que des témoins qui sont pris de violentes nausées tentent de quitter la pièce.

Le courant revient enfin et la décharge dure près d'une minute. Sous la peau, les vaisseaux sanguins ne résistent pas et explosent les uns après les autres. Une forte odeur de brulé est perceptible dans la pièce. Les cheveux et l'électrode placée sur la tête commencent à prendre feu. Impossible de partir, la porte est verrouillée. Le docteur Spitzka affirme, une fois terminé, que l'homme est mort instantanément et que le douloureux spectacle auquel ils ont assisté, n'est que le résultat des contractions musculaires. Il affirme que le condamné n'a pas souffert.

Après cette effrayante première séance, la chaise électrique fait l'objet de nombreuses discussions entre les hommes politiques et les scientifiques à New York, aux États-Unis, en Europe. Certains États l'adoptent quand même, d'autres préfèrent conserver les méthodes qui ont fait leurs preuves comme la pendaison et la guillotine. Après Kemmler, le bourreau Edwin F. Davis électrocute 239 condamnés, jusqu'en 1914.

Dans les années qui suivirent, plusieurs États américains adoptèrent ce moyen d'exécution, qui resta le plus employé jusqu'à ce qu'il soit remplacé principalement par l'injection létale dans les années 1980. La chaise électrique a également été utilisée aux Philippines.

La cour suprême du Nebraska a officiellement aboli l'usage de la chaise électrique le 8 février 2008, jugeant que cette méthode représente un traitement cruel et inhabituel (cruel and unusual punishment), interdit par le 8ème amendement à la constitution américaine. Le Nebraska était le dernier état américain à imposer cette méthode aux condamnés à mort. Depuis la fin du moratoire sur la peine de mort aux États-Unis en 1976, le Nebraska a exécuté trois prisonniers. La dernière personne à avoir été exécutée par électrocution sans que le choix lui eût été laissé fut Lynda Lyon Block, le 10 mai 2002 en Alabama, une femme ayant tué un policier. Le Texas abandonna la chaise électrique en 1982, pour la remplacer par l'injection létale. Par la suite l'usage de la chaise diminua dans tout le pays.

Dans le film « la ligne verte de Frank Darabont sur une idée de Stephen King, avec Tom Hanks et Michael Clarke Duncan, on assiste à une exécution ratée très spectaculaire sur la chaise électrique. Ce film ne remporte pas moins de 6 nominations dans les différents jurys récompensant le cinéma et reste à ce jour celui qui a traité le plus largement possible la question de la chaise électrique et surtout l'attente du couloir de la mort...

CRIMINOLOGIE Débats & réflexions

La chambre à gaz

Les Etats-Unis cherchent toujours le moyen, selon eux, de pouvoir abréger les souffrances de leurs condamnés à mort. Ce qui va en contradiction, avec certains observateurs qui constatent qu'il serait plus judicieux de réduire l'attente de l'exécution, parfois plusieurs années, dont la torture morale est sans doute plus horrible que son application.

C'est donc en 1924 que 13 états d'Amérique vont progressivement adopter et ce jusqu'en 1999, le moyen de pouvoir exécuter leurs condamnés avec un gaz mortel. L'Arizona, la Californie, le Colorado, le Maryland, l'État du Mississippi, le Missouri, le Nevada, le Nouveau-Mexique, la Caroline du Nord, l'Oregon, Rhode Island et le Wyoming. Si la méthode a été abandonnée en 1999 au profit le plus souvent de l'injection létale est qu'elle a été jugée comme complexe et beaucoup trop onéreuse dans son utilisation. Le condamné est installé et sanglé sur une chaise en acier, placée au milieu d'un caisson étanche et vitré. L'action chimique inhalée (dégagement d'acide cyanhydrique - HCN) par le condamné provoque sa mort en cinq minutes maximum.

Un jeune chinois Gee Jon a « le privilège » d'être le premier condamné avec cette nouvelle méthode le 8 février 1924. Débarqué de Chine, et membre d'une institution criminelle, quelques années avant, il reçoit un contrat pour assassiner un certain Tom Quong Kee située dans une petite ville, Mina dans l'état du Nevada. Il effectue son travail avec un certain professionnalisme aidé d'un jeune complice de 19 ans. Malheureusement pour lui, il se fait arrêter. La guerre entre plusieurs gangs d'origine asiatique fait rage et il est pratiquement impossible de pouvoir capturer l'un des tueurs de part et d'autre des clans. Aussi, l'état décide avec cette affaire de faire un exemple. Gee est condamné à mort alors que son complice a une peine de prison en raison de son jeune âge.

C'est la pendaison qui normalement aurait dû régler le compte de Jon, mais voilà, trois ans auparavant, l'état qui se pose des questions sur la souffrance des condamnés, jugent la pendaison trop barbare et n'est pas plus séduit par la chaise électrique qu'il juge un tantinet cruel. C'est ainsi que l'assemblée du Nevada instaure le « Human Death Bill » et de ce fait décide d'une exécution par inhalation de gaz toxique qui doit normalement être répandu dans la cellule du condamné durant son sommeil, sans que celui-ci en soit averti, pour lui éviter l'appréhension de l'exécution. L'état espère ainsi procéder à un acte de justice, en privant le condamné du supplice d'être amené face à sa mort.

Comme dans chacun de ces actes, rien n'est simple et cette méthode n'échappe pas à la règle. La prison de Carson city commande par la voie de son directeur un insecticide pour tuer les insectes et produit par la California Cyanide Company, mais voilà l'industriel qui ne veut pas que son produit soit associé à la mort d'un homme refuse de livrer la marchandise. C'est le directeur adjoint qui effectue le déplacement et pour conjurer le sort, quatre des gardiens désignés pour l'accompagner refusent, ils sont immédiatement licenciés. Le directeur adjoint revient donc seul avec 20 litres de gaz létal et un appareil de fumigation qui lui coute la bagatelle de 700 dollars.

Dans un premier temps, pour respecter la loi, la prison de cantonne à suivre les prescriptions fournies, mais voilà, les nombreuses fuites de la cellule rendent le gaz inopérant. Plus qu'une solution à trouver une cabine étanche spécialement faite pour l'usage. C'est le secteur d'une boucherie désaffectée de la prison qui est choisi. Après l'essai avec un chat errant, le procédé est validé.

Il est 9h00 du matin lorsque le 8 février 1924, Gee Jon est attaché de force sur le fauteuil placé au centre de la chambre à gaz. Son entrée dans l'histoire n'était sans doute pas prévue de cette manière, comme étant le premier homme à bénéficier de cette nouvelle méthode d'exécution. Les gardiens vérifient une dernière fois la solidité des liens avant de sortir de la petite pièce pour rejoindre les témoins présents. Des médecins, représentants de l'armée et reporters parmi la dizaine de personnes assistent derrière une petite fenêtre les derniers instants du condamné.

L'acide cyanhydrique liquide est déversé à 9h40 dans la petite pièce, mais du fait de la température basse, à peine 11°, elle a du mal à se transformer en gaz. Toutefois cinq secondes plus tard le jeune chinois perd connaissance. Certains témoins se plaignent de sentir une légère odeur, on décide de les faire reculer pour garantir leur sécurité. A 10h00, les ventilateurs sont mis en route pour faire évacuer le gaz. Les gardiens attendent 12h30 pour ouvrir de nouveau la pièce. Ils emportent le corps avec beaucoup de précautions, pas moins de sept médecins constatent la mort de Gee, mais refusent de pratiquer une autopsie, par crainte des restes de gaz présents dans le corps.

L'injection létale

L'injection létale est un processus au cours duquel une ou plusieurs substances chimiques sont injectées à un individu dans le but de lui ôter la vie. Actuellement en vigueur dans 28 États américains, cette méthode d'exécution est également autorisée par la loi de plusieurs autres pays comme la Chine, la Thaïlande, le Guatemala, les Maldives, Taiwan, le Nigeria ou encore le Vietnam. Les produits injectés font perdre conscience à la personne condamnée, arrêtent sa respiration et provoquent finalement une arythmie cardiaque, dans cet ordre précis.

Initialement proposée aux États-Unis par un médecin new-yorkais nommé Julius Mount Bleyer en 1888, car supposément moins coûteuse que la pendaison, l'injection létale comme méthode d'exécution n'est pas immédiatement instaurée. Les premiers à mettre en place cette technique ont été les Nazis pendant la Seconde Guerre mondiale, dans le cadre d'exécution de prisonniers.

Le protocole, encore utilisé de nos jours, est finalement introduit aux États-Unis en 1977, proposée en Oklahoma par le physicien et médecin légiste de l'État Jay Chapman : « Une perfusion intraveineuse de solution saline sera introduite dans le bras du prisonnier, par laquelle sera administrée une injection létale consistant en un barbiturique à action rapide en combinaison avec un paralysant chimique ». La première exécution par injection létale aux États-Unis a eu lieu au Texas en 1982 : Charles Brooks Jr. était condamné pour meurtre.

Au moment de l'exécution, la personne condamnée est généralement installée et sanglée à un brancard matelassé, similaire à ceux utilisés pour le transport de patients hospitalisés. La mort par injection létale a lieu en trois temps : comme l'indique le Centre d'information sur la peine de mort (Death Penalty Information Center), elle repose en fait sur l'injection de trois substances différentes en intraveineuse.

Deux cathéters sont ensuite placés sur son bras, ils serviront à injecter les produits (le second ne sert qu'en cas d'urgence). Le matériel utilisé est stérilisé, car il est possible que le condamné obtienne un sursis même après que les cathéters ont été installés. En général un ou plusieurs techniciens formés sont chargés d'insérer les cathéters et plusieurs autres de préparer et injecter manuellement les produits dans une pièce séparée, dissimulés par un miroir semi-réfléchissant. Une série de trois injections est nécessaire pour exécuter le condamné.

Tout d'abord, un sédatif est administré afin de rendre le détenu inconscient tout en l'anesthésiant. Dans le protocole original, il s'agissait de thiopental sodique, la forme soluble injectable du thiopental (commercialisée sous les noms de Nesdonal ou Pentothal). C'est un barbiturique, une famille médicamenteuse qui déprime le système nerveux central (le cerveau et la moelle épinière) : l'activité nerveuse et cérébrale sont réduites jusqu'à être complètement mises en veille en moins de 30 secondes. D'autres substances peuvent être utilisées, comme le midazolam, molécule aux puissantes facultés anxiolytiques et sédatives. Comme l'indique un article de la BBC, à faible dose, cette substance a un effet anti-anxiété. À environ 10 milligrammes, elle peut rendre un détenu inconscient. Dans le couloir de la mort en Arkansas, la dose est de 500 milligrammes.

Dans un deuxième temps, une fois le détenu inconscient, un agent paralytique est administré. Il peut s'agir de pancuronium ou de vécuronium. Ces deux molécules sont de la même famille (les aminostéroïdes) et ont des effets similaires : elles provoquent une paralysie totale des muscles volontaires, ce qui résulte en un arrêt respiratoire et donc une asphyxie. Le Dr. Stephen Morley, toxicologue légiste d'un hôpital britannique, précise dans un article de la BBC que « si vous étiez conscient à ce stade, vous vous sentiriez suffoquer ».

Enfin, une substance provoquant un arrêt cardiaque conclut la séquence d'injections. Il s'agit de chlorure de potassium (à ne pas confondre avec le chlorure de sodium, notre sel de cuisine), aussi désigné par sa formule chimique KCl. Injectée directement dans le sang en forte quantité, cette substance fait augmenter rapidement le taux de potassium de l'organisme et dérègle le rythme cardiaque, qui repose sur un équilibre précis entre les taux de sodium et de potassium, jusqu'à son arrêt complet (et définitif). Comme l'indique le Dr. Stephen Morley : « Sans une sédation appropriée, cette étape serait extrêmement douloureuse. La sensation a été comparée à celle d'un « feu liquide » qui pénètre dans les veines et serpente vers le cœur. [...] Si le détenu n'est pas complètement paralysé, ses muscles vont également avoir des spasmes incontrôlables car le potassium envoie des signaux à tous les muscles du corps pour qu'ils se contractent ».

Si la procédure se déroule sans accroc, la personne condamnée meurt en l'espace de quelques minutes après la première injection (environ cinq minutes). Il s'agit de la procédure générale aux États-Unis, mais également au Vietnam. En revanche, d'autres protocoles existent, reposant sur l'injection d'une seule ou de deux substances au lieu des trois détaillées ici. D'après le Death Penalty Information Center, les protocoles à un et deux agents utilisent généralement une surdose d'un anesthésique ou d'un sédatif pour causer la mort.

Il arrive dans certains cas que des problèmes de dosage surviennent. La personne chargée des injections est alors obligée de recommencer depuis le début. Depuis 2009, beaucoup d'États ont abandonné le protocole à trois produits pour adopter un protocole à un seul produit, un anesthésiant injecté à dose létale.

Le 25 septembre 2007, la Cour suprême des États-Unis a accepté d'entendre l'affaire Baze and Bowling versus Rees communément appelée Baze v. Rees et annula toutes les exécutions au dernier moment jusqu'à ce que soit rendue sa décision. Dans cette affaire, les plaignants ne contestent pas la constitutionnalité de la peine de mort ni celle de l'injection létale, mais celle du protocole d'exécution du Kentucky utilisant trois produits comme dans tous les autres États américains appliquant l'injection. Ils demandaient à la Cour de déclarer ce protocole anticonstitutionnel et d'obliger les États à adopter un protocole composé d'un seul produit (le thiopental sodique ou un autre barbiturique) pour provoquer une mort par « overdose » dans l'inconscience, comme cela est pratiqué dans les euthanasies aux Pays-Bas. Une telle décision aurait entraîné des conséquences importantes, elle aurait retardé les exécutions pour encore des mois avant que la justice ne valide les nouveaux protocoles, et aurait même pu nécessiter des modifications législatives dans les quatorze États où ce protocole est prévu par la loi. L'expérience montrant qu'une poignée de parlementaires influents des comités législatifs peuvent tuer des projets de loi, cela aurait pu avoir pour effet d'empêcher tout simplement l'application de la peine de mort dans certains États.

La Cour rendit sa décision le 16 avril 2008. Les juges Roberts, Scalia, Thomas, Breyer, Stevens, Kennedy et Alito ont voté en faveur des intimés (les États appliquant la peine de mort) qui rappelle que le protocole en trois produits est douloureux seulement si le thiopental est mal administré. Les deux juges les plus conservateurs, Thomas et Scalia, considèrent qu'une méthode d'exécution n'est inconstitutionnelle que si elle est délibérément conçue afin d'infliger de la souffrance. Les cinq autres estiment que le 8ème amendement n'exige pas qu'une méthode d'exécution soit complètement exempte de tout risque. Les exécutions ont repris le mois suivant et cette décision fait jurisprudence à l'échelle nationale.

Personnages

Sherlock Holmes

Longtemps considéré comme une légende dans le milieu des amateurs de criminologie et d'aventures policière Sherlock Holmes reste le synonyme de déduction, raisonnement et d'efficacité. Au risque d'en décevoir certains, il n'est malheureusement qu'un personnage de fiction créé par Sir Arthur Conan Doyle en 1887 dans le roman policier « Une étude en rouge » qui marque le début des grandes aventures du célèbre détective londonien.

Sir Arthur Conan Doyle rend célèbre ce formidable détective accompagné de son fidèle complice le docteur Watson au travers de ses 4 romans et 56 nouvelles, non seulement avec son célèbre « élémentaire mon cher Watson » mais aussi par sa silhouette utilisée par beaucoup de détectives ou écrivains et chroniqueurs judiciaires comme une emblème. Aujourd'hui encore, lorsqu'on envisage de représenter un détective, l'image de Sherlock Holmes est facilement employée et les différentes adaptations cinématographiques et télévisées continuent de le rendre populaire.

L'existence de Sherlock Holmes doit beaucoup au professeur en chirurgie de Conan Doyle, le docteur Joseph Bell. Ses déductions étonnantes sur les patients et leurs maladies l'impressionnèrent beaucoup. À l'origine, Conan Doyle prévoit d'appeler son détective Sherrinford Holmes.

Grâce notamment aux renseignements donnés par l'auteur dans ses ouvrages Sherlock Holmes est né en 1854 dans un lieu qui n'a jamais été déterminé, il réside au 221 baker street à Londres avec le seul ami et biographe qui partage son intimité le docteur Watson pour y exercer la profession de détective privé.

Sherlock Holmes est un grand fumeur, outre la pipe qui l'a rendu célèbre dans le monde entier, il apprécie le sport et pratique la boxe et l'escrime. Il aime également la musique et joue du violon. Il n'est pas très attiré par les délicieux mets et ne vit que pour ses passions et son métier. Il passe le plus clair de son temps entre deux enquêtes à compléter sa culture encyclopédique. Sa faiblesse le pousse parfois à avoir recours à la cocaïne.

D'après le docteur Watson, son intelligence est relative, la politique ne l'intéresse que très peu mais possède d'excellents atouts dans la chimie et l'anatomie, il s'intéresse également à la géologie et la botanique.

L'un de son principal défaut réside dans le fait qu'il supporte mal la lenteur d'esprit chez les autres personnes, qu'on appelle égotiste. Ses capacités de déductions rapides lui confèrent une certaine intelligence aux yeux des autres personnes qu'il interprète simplement par de la logique et de l'observation.

Sherlock Holmes adore se déguiser, il est toujours prêt à impressionner ses clients et son excellent ami le docteur Watson. Il entretient des relations difficiles avec la police officielle et n'hésite pas à bafouer la loi, lorsque selon lui elle est contraire à la justice. Ce qui intéresse avant tout le détective est la complexité de l'affaire, le rang dans la société de son client l'indiffère totalement, ce qui lui vaudra à plusieurs reprises des soucis avec les notables. Toutefois, il n'est pas contre, grâce à la complicité de son ami le docteur Watson à la publication dans la presse de certaines de ses aventures, on pense que son auteur a voulu le rendre le plus humain possible en acceptant le fait qu'il aime flatter son égo.

S'il méprise l'argent et n'hésite pas à enquêter pour des gens modestes, il reçoit néanmoins des récompenses importantes de grands qui lui permettent de prendre sa retraite confortablement. Sherlock Holmes résout les mystères par un processus en trois étapes : l'observation des indices, l'induction et la synthèse logique.

Sherlock Holmes a commencé son activité professionnelle en 1878, a rencontré le docteur Watson en 1881 et avoue avoir effectué un millier d'enquêtes en 1891. Holmes et Watson partagent le même appartement jusqu'au mariage de ce dernier.

Après sa disparition en 1891, dans l'ouvrage « le dernier problème » et son affrontement avec la mort du professeur Moriarty dans les chutes de Reichenbach, tout le monde le croit mort. Si l'on en croit certains journalistes de l'époque Sir Arthur Conan Doyle était jaloux de Sherlock Holmes qui faisait de l'ombre à ses autres publications, il avait décidé volontairement de le faire mourir, c'est devant l'affut de courriers arrivé au 221 Baker street qu'il avait décidé de le ressusciter le plus naturellement du monde. Il reprend donc du service de 1894 jusqu'en 1903. Il reçoit la Légion d'honneur en 1894, mais refuse le titre de chevalier en 1902.

Il prend sa retraite à la campagne en 1907, où Holmes passe ses dernières années à étudier les abeilles et à écrire un traité d'apiculture. Il sortira de cette activité pour narrer lui-même une aventure (La crinière du lion), ayant peu de contact avec le docteur Watson, et pour rendre service à son pays à la veille du premier conflit mondial en déjouant les ruses d'un espion prussien (Son dernier coup d'archet).

« Élémentaire, mon cher Watson », cette phrase du XXIème siècle associée à Sherlock Holmes, n'a été prononcée dans aucune des histoires écrites par Arthur Conan Doyle. En revanche, elle est présente dans le film Le Retour de Sherlock Holmes, premier film parlant sur le personnage sorti en 1929, et Les Exploits de Sherlock Holmes, un recueil écrit par Adrian Conan Doyle (le fils de Sir Arthur Conan Doyle) et par John Dickson Carr. Elle est présente dans la nouvelle « L'Aventure de la veuve rouge ».

Rapidement adopté par le public, Sherlock Holmes est devenu un personnage de légende au point qu'il fait encore l'objet d'une véritable vénération. De nombreuses études lui ont été consacrées et les nouvelles de Conan Doyle ont fait l'objet de nombreuses adaptations télévisées.

Du statut de héros de papier, Sherlock Holmes est très vite passé à celui de figure historique au point que de nos jours encore, des lettres venant du monde entier lui sont encore adressées à son adresse du 221B Baker Street à Londres. Comme un personnage historique, Sherlock Holmes a donc droit à des « biographes » spécialisés, de son œuvre et de ses méthodes policières et même à des musées consacrés à sa « vie ».

Le personnage de Sherlock Holmes a même servi de prétexte à un canular littéraire qui dure depuis près d'un siècle : la création d'une science nouvelle, basée sur le personnage nommée « holmésologie » ou « études holmésiennes ». Des centaines d'ouvrages ont été rédigés sur le sujet. Le but avoué de cette discipline est de retracer la vie et l'œuvre du détective à partir des écrits du Docteur Watson, ami de Holmes.

Sir Arthur Conan Doyle est né le 22 mai 1859 à Édimbourg, en Écosse, il est décédé le 7 juillet 1930 à Crowborough, dans le Sussex. Cet écrivain a également été l'auteur de livres de science-fiction, de romans historiques, de pièces de théâtre, de poésies et d'œuvres historiques. Conan Doyle était lié à l'écrivain J. M. Barrie, le créateur de Peter Pan.

Tout en pratiquant la médecine, il commence à écrire des nouvelles dont les premières sont publiées dans le Chambers's Edinburgh Journal avant sa vingtième année. Il obtient son doctorat en 1885 avec une thèse consacrée au tabès, une manifestation des complications nerveuses tardives de la syphilis.

Après ses études, il sert comme médecin de bord d'un navire effectuant un voyage sur la côte d'Afrique de l'Ouest. Il parcourt les mers, de l'Arctique aux côtes de l'Afrique et prend part aux campagnes du Soudan et à la guerre des Boers. C'est à une œuvre patriotique sur la guerre en

Afrique qu'il doit d'être anobli. On peut maintenant visiter son ancienne maison à Londres.

Son premier travail d'importance est « Une étude en rouge » qui paraît dans le Beeton's Christmas Annual en 1887. C'est la première apparition de Sherlock Holmes, personnage en partie inspiré par son ancien professeur d'université, Joseph Bell.

En 1885, il épouse Louisa Hawkins qui souffre d'une tuberculose et meurt le 4 juillet 1906. En 1907, il se remarie avec Jean Elizabeth Leckie, qu'il avait rencontrée en 1897, mais avec qui il avait maintenu une relation platonique en toute loyauté, tant que son épouse était en vie. Conan Doyle eut cinq enfants, deux de sa première et trois de sa seconde épouse.

Conan Doyle était aussi un fervent défenseur de la justice et a personnellement enquêté sur deux affaires classées, ce qui a permis à deux hommes d'être innocentés des crimes dont ils étaient accusés.

Il sort des écoles catholiques de son enfance, avec beaucoup d'interrogations, mais ce scepticisme ne l'empêchera pas par la suite de se consacrer au spiritualisme, et d'écrire divers ouvrages dans lesquels il prétend prouver l'existence de la vie après la mort et la possibilité de communiquer avec l'au-delà.

Conan Doyle est retrouvé dans le hall d'entrée de Windlesham, sa maison de Crowborough, dans l'East Sussex, au Royaume-Uni, le 7 juillet 1930. Il est mort d'une attaque cardiaque, âgé de 71 ans.

Une statue honore Conan Doyle à Crowborough Cross dans Crowborough, où il a vécu pendant 23 ans. Une statue de Sherlock Holmes est également dressée sur la place Picardy d'Édimbourg, en Écosse, près de la maison où Conan Doyle est né. Ironie de l'histoire, son œuvre historique, qui lui a valu son titre de Sir Conan Doyle à laquelle il accordait la plus grande importance, est aujourd'hui presque oubliée. En revanche, son personnage de Sherlock Holmes, qu'il considérait comme une création de littérature alimentaire, est aujourd'hui mondialement célèbre...

Alphonse Bertillon

Considéré tour à tour comme le fondateur de l'anthropométrie, de la photographie signalétique, de la dactyloscopie ou de la criminalistique, Alphonse Bertillon représente l'une des figures centrales de l'histoire de la police scientifique.

Issu d'une famille de savants (démographes, médecins, anthropologues et statisticiens), il est employé à partir de 1879 à la Préfecture de police de Paris comme simple commis aux écritures, chargé de la copie et du classement des fiches signalétiques et photographiques. Il constate l'approximation qui entoure cette activité et conçoit un système de classement fondé sur une série de neuf mesures anthropométriques divisées en trois parties (petit, moyen et grand), permettant ainsi une répartition des fiches en 3 divisions différentes.

Bertillon doit toutefois attendre 1882 pour convaincre le préfet de police Ernest Camescasse du bienfondé de son système. Au terme de trois mois d'essai, il parvient à identifier un criminel récidiviste arrêté peu de temps auparavant pour vol et pris en flagrant de délit lors d'un cambriolage. Dissimulé sous un faux nom, il est trahi par les mesures de son corps qui le conduisent aux aveux. Ce succès rapide et inespéré détermine la carrière de Bertillon qui impose rapidement son système de classement à l'ensemble des institutions policières, judiciaires et carcérales.

Le système anthropométrique permettait de distinguer deux individus différents, mais sans pouvoir apporter la preuve indiscutable de l'identité d'une personne. Sans remédier complètement à cette imperfection majeure, Bertillon élabora un système de plus en plus précis de signalement composé de quatre branches : l'anthropométrie, enrichie par des typologies nouvelles de l'oreille, du nez ou de l'iris ; le signalement descriptif de plus en plus détaillé, assimilé à un « portrait parlé » du visage et du corps ; le signalement photographique, amélioré régulièrement par la définition d'un protocole global déterminant les prises de vue de face et de profil ; le relevé des marques particulières qui permettait la localisation de tous les signes individuels et corporels, cicatrices, tatouages ou grains de beauté.

La mise en place de ces techniques d'identification répond alors en France au débat public sur les récidivistes qui aboutit, en 1885, à la loi dite de « relégation » prévoyant leur éventuelle déportation au bagne. Dans ce contexte, l'efficacité du système - près de 5 000 récidivistes sont identifiées entre 1882 et 1893 - rend possible son extension rapide à travers la transformation des fichiers de police. Outre le double système de classement, phonétique d'une part et anthropométrique d'autre part, Bertillon introduit une véritable révolution bureaucratique dans l'organisation de l'identification policière.

Après la création du Service de l'identité judiciaire, en 1893, il applique ses méthodes de classements aux « sommiers judiciaires », vaste fichier national qui réunit les signalements et les données de tous les criminels condamnés. L'architecture des locaux, la définition de procédures d'écritures, de vérifications et de recherches, l'utilisation d'un système de couleurs, de sigles et d'abréviations et l'unification des fiches signalétiques concourent à une mutation radicale du fichier central.

Dès lors, Bertillon contribue à l'élaboration d'un système réticulaire entre la capitale, les régions, voire les colonies. Dans toutes les grandes villes, des bureaux d'identification fonctionnent sur le même modèle que le service parisien et ils alimentent autant le fichier central que des fichiers locaux ou spécialisés. En liaison avec les enquêteurs de police judiciaire, Bertillon contribue à l'élaboration des supports mobiles employés durant les recherches : albums photographiques de catégories de criminels, notices signalétiques et journaux de police. Généralisation de l'identification, unification des supports, système national d'information et de diffusion : Bertillon peut être considéré comme l'architecte d'une mémoire policière d'un nouveau type.

Le « bertillonnage », développé au sein de la police parisienne, suscite de nombreux projets d'extension de l'anthropométrie aux domaines civil et militaire. Il s'applique aussi directement aux populations nomades soumises au port d'un carnet anthropométrique à partir de 1912. En accélérant la rationalisation de l'état civil, du signalement et du contrôle de la mobilité, les principes de l'identification policière s'étendent ainsi à des catégories d'individus désignées comme dangereuses : les anarchistes dans les années 1890, les Français et les étrangers jugés subversifs avant 1914, puis les étrangers auxquels est attribuée une carte d'identité obligatoire à partir de 1917.

Pionnier de l'enquête scientifique, salué par Conan Doyle, dans Le chien des Baskerville, comme l'inspirateur de Sherlock Holmes, Bertillon élargit l'étude de l'identité à celle de tous les indices matériels relevés sur la scène du crime. Sans constituer une œuvre de synthèse, Bertillon multiplie les inventions : photographie des cadavres et des scènes de crime, appareils de relevés des traces, transport des indices, etc. Il s'impose alors comme le premier expert en matière de police scientifique et ses analyses photographiques, chimiques, graphologiques permettent de résoudre de nombreuses affaires criminelles et contribuent à sa renommée.

Paradoxalement, la découverte des empreintes digitales comme indice probant de l'identité ne suscite chez lui qu'un intérêt mitigé. Il est l'un des premiers à utiliser ces relevés lors des enquêtes criminelles, permettant ainsi de prouver la culpabilité d'un suspect dès 1902, et propose même un système de classification dactyloscopique. Mais, dans le même temps, il refuse de modifier son système anthropométrique de classement et retarde l'application en France de l'une des innovations les plus capitales dans l'histoire de la police.

En 1899, il est appelé lors du procès Dreyfus pour effectuer une analyse graphologique décisive du document prouvant la trahison de l'accusé. Persuadé de la culpabilité de l'officier, il élabore une théorie obscure qui prétend révéler la falsification de sa propre écriture par Dreyfus lui-même afin de tromper la justice. Une campagne publique s'abat sur Bertillon, vilipendé par la presse qui l'accuse de soutenir le mensonge d'État et ironise sur ses compétences. L'affaire Dreyfus menace la carrière de Bertillon qui échappe de peu à la radiation de la Préfecture de police. Défendu par le préfet Louis Lépine, il se voit retirer le service de l'identification graphique confiée au laboratoire de toxicologie et ne peut constituer, comme il le souhaitait, un pôle de police scientifique finalement créé à Lyon, en 1910, par l'un de ses fidèles, Edmond Locard.

Malgré ces obstacles qui compromettent la reconnaissance publique et administrative de la police scientifique, le rayonnement de l'œuvre de Bertillon est immense. À partir d'un enseignement novateur consacré aux signalements et aux reconnaissances anthropométriques (1895), au signalement descriptif (1902) et à la police technique (1912), il diffuse ses méthodes auprès de nombreux policiers français et étrangers.

Pédagogue et vulgarisateur, il met en place une véritable didactique qui accorde une large place à l'image. Les vastes panneaux photographiques des séries de nez, de fronts et d'oreilles, les planches colorées de la classification de l'iris, les multiples typologies de portraits composent une iconographie qui recourt au spectaculaire : photographies de cadavres, mannequins en cire mimant les opérations de mensurations, empreintes sanglantes. Dès 1883, à Amsterdam, Bertillon conçoit les éléments visuels qui sont exposés dans de très nombreuses expositions universelles et internationales à Paris (1889 et 1900), Moscou (1891), Liège (1905), Dresde (1909) ou Bruxelles (1910) et présentés lors de congrès internationaux de sciences pénitentiaires, de droit pénal ou d'anthropologie criminelle. Un musée de police fondé en 1907 à Paris présente les techniques employées en France et appliquées dans de nombreux pays d'Europe, aux États-Unis et en Amérique du Sud, en Chine et au Japon.

Grâce à ce nouveau répertoire visuel, Bertillon impose une stratégie d'observation qui transforme profondément le regard policier. Le corps criminel, stigmatisé et médicalisé à travers une grille anthropologique d'identification, est considéré selon ses différences morphologiques. De la sorte, le « bertillonnage » rencontre en grand succès auprès de l'anthropologie criminelle italienne qui tente de définir les stigmates morphologiques et physiologiques du criminel-né. Dans le même temps, la prise en compte de critères tels que la race, le teint, le caractère ethnique contribue à diffuser au sein de l'institution policière les principes de l'anthropologie raciale.

En 1914, la mort de Bertillon coïncide avec le premier Congrès de police judiciaire internationale de Monaco qui consacre la « fiche parisienne » et envisage, avant la fondation d'Interpol en 1923, la création d'un casier central international. La police d'identification et la criminalistique naissante se diffusent désormais dans tous les pays, l'administration policière des identités devenant dès lors un instrument indissociable de l'État contemporain.

Alphonse Bertillon tient une place essentielle dans l'histoire des savoirs sur le crime durant la période comprise entre la fin du XIXème et le début du XXème siècle. Son œuvre connaît un rayonnement important à l'échelle mondiale et Alphonse Bertillon est unanimement reconnu comme l'un des fondateurs de la police scientifique.

Dans le même temps, il participe à l'essor de formes inédites d'expertises judiciaires et développe des techniques et des savoirs inédits dans le champ de l'identification. Sa production écrite, foisonnante, porte sur un nombre considérable de sujets, de la photographie judiciaire à la dactyloscopie, de l'administration des fichiers à l'analyse des traces.

Albert Pierrepoint

C'est dans l'ouest du Yorkshire le 30 mars 1905 qu'Albert Pierrepoint voit le jour. Son père Henry Pierrepoint est le bourreau officiel de la couronne de Grande Bretagne jusqu'à sa démission, charge reprise par son oncle Tom.

Albert est fasciné par la charge de bourreau. Outre la pendaison, c'est le métier qui le fascine. Déjà à l'école, dans un devoir il aborde fièrement son désir : « Quand je quitte l'école, je désire devenir le bourreau officiel... »

A l'âge de 12 ans, il commence à travailler dans les moulins de Marborough pour six shillings par semaine. Dès qu'il a un moment de libre avec l'autorisation de sa tante, il dévore le journal de son oncle qui relate les exécutions et les anecdotes notées en marge.

En 1920, son orientation professionnelle change, il devient chauffeur pour un épicier en gros qui livre des marchandises. Enfin, fort de son désir de devenir exécuteur, il se décide le 19 avril 1931 à envoyer une lettre pour poser sa candidature en qualité d'aide bourreau pour son oncle, mais la réponse est négative car aucun poste n'est à pourvoir pour le moment.

Il faut attendre l'automne pour que Lionel Mann qui exerce la fonction d'aide bourreau depuis cinq ans décide de démissionner. Un courrier officiel est immédiatement envoyé à Albert Pierrepoint l'invitant à suivre la formation, ce qu'il fait malgré la désapprobation de sa mère Mary, qui voit d'un mauvais œil le choix de carrière de son fils.

Albert suit sa formation à la prison de Pentonville au cœur de Londres, avant d'être ajouté sur la liste d'assistant exécuteur le 26 septembre 1932. La charge de bourreau donne une rémunération à la tâche, une livre sterling par exécution, il faut attendre deux semaines pour toucher la même somme à la condition que la conduite et le comportement soient jugés satisfaisants. En clair, les bourreaux devaient observer une vie discrète et respectable en se gardant bien de faire la moindre révélation à la presse.

L'année 1932 ne connait pas beaucoup d'exécution en Grande Bretagne. A la fin de l'année, Pierrepoint pratique sa première charge en Irlande. Le 29 décembre 1932, choisi par son oncle, le bourreau en chef, sur la liste des exécuteurs, il pend Patrick Mc Dermott à la prison de Mountjoy. Il commence à comprendre les anecdotes que son oncle note sur son carnet avec l'exécution le 17 octobre 1941, lorsque Tony Mancini, un gangster, se fait remarquer en déclarant : « Salut ! » à l'ouverture de la trappe.

Annie Fletcher possède un magasin de tabac et d'épicerie. Elle remarque la cour effrénée que le jeune Albert lui fait, et c'est le plus naturellement du monde qu'elle accepte de l'épouser le 29 août 1943. Elle sait très bien la charge que son mari exécute pour le royaume, mais ne ressent aucune honte ; c'est un métier comme un autre et elle ne demandera jamais à son mari de changer de profession. A ses yeux, il effectue une charge de justice. Toutefois elle acceptera toujours de ne jamais en tirer la moindre gloire et d'éviter d'en parler.

Albert Pierrepoint est un perfectionniste dans l'art d'exécuter, il règle chaque détail, poids du condamné, hauteur, longueur de corde. Après une exécution, il nettoie lui-même le corps et ne tolère en aucune manière qu'on manque de respect au supplicié. Il a payé sa dette et doit reposer en paix. Son professionnalisme lui vaut des échos au plus haut niveau. Grâce au règlement de chaque détail, ses condamnés ne ressentent aucune souffrance, la mort est instantanée, le cou est brisé net. Albert considère qu'il ne faut pas confondre exécution et torture, la justice doit être expéditive et ne pas faire souffrir inutilement.

La fin de la seconde guerre mondiale voit s'achever les procès des criminels nazis qu'il faut maintenant exécuter. Albert Pierrepoint est sollicité à la suite du procès de Bergen Belsen pour exécuter 44 condamnés dont 15 femmes. Parmi ces personnes figure le capitaine Joseph Kramer, un militaire nazi commandant du camp de concentration de Struthof. Par la suite, le bourreau va effectuer pas moins de 25 voyages vers l'Allemagne et l'Autriche. Il devient le principal exécuteur du procès de Nuremberg et exécute pas moins de 200 criminels de guerre.

L'augmentation des revenus qui découle de ces exécutions n'est pas non plus sans conséquences. Il devient de plus en plus célèbre et quand son nom est révélé à la presse, il est acclamé comme un héros de guerre. Son épouse souhaite quitter son commerce d'épicerie, l'argent amassé leur permet d'ouvrir un pub sur la route de Manchester. Les exécutions s'enchaînent avec celle de John George Haigh (le meurtrier au bain d'acide) le 10 août 1949.

Il se permet même de réaliser quelques records avec la pendaison de James Inglis, la pendaison la plus rapide de l'histoire : 7 secondes, le 8 mai 1951.

C'est lui aussi qui exécute Ruth Ellis, la dernière femme condamnée en Grande Bretagne à la peine capitale, le 13 juillet 1955, pour avoir tué son amant.

Albert Pierrepoint décide de démissionner en 1956 de son poste d'exécuteur de la couronne à la suite d'un différend avec le ministère de l'intérieur sur le montant de ses honoraires. En fait, il veut démissionner depuis longtemps pour se consacrer à l'écriture de ses mémoires en livrant les derniers instants de ses « clients ». Une série de chroniques, « La propre histoire du bourreau » lui rapporte 500 000 livres sterling.

Durant sa carrière il exécute 607 personnes et déclare que cette expérience n'a rien apporté à la justice sinon de l'amertume et de la vengeance. C'est la seule fois que le ministère prend la peine de demander à un bourreau de réviser sa position devant le professionnalisme d'Albert. Sans toutefois lui demander d'arrêter ses publications protégées par le secret.

Il décède le 10 juillet 1992, quatre ans après son épouse Annie, dans sa maison du bord de mer à Southport. En avril 1948, la Chambre des Communes vote la suspension de la peine de mort pour 5 ans. Cependant cette décision est annulée par la Chambre des Lords, une seconde fois en 1956. Le 9 novembre 1965 le Murder Act suspend la peine capitale pour meurtre pour une durée de 5 ans. Le Parlement confirme l'abolition de la peine de mort pour meurtre en décembre 1969. Tony Teare est la dernière personne à être condamnée à mort en Angleterre en 1992. La sentence sera commuée en prison à vie en 1994. La peine de mort est abolie en 1998. Derek Bentley était un jeune Anglais qui fut réhabilité 45 ans après sa pendaison. Albert Pierrepoint sorti de sa retraite 25 ans après les faits se souvient de cette matinée :

« Je n'oublierai jamais cette matinée du 28 janvier 1953. Je me souviens de chaque mot, de chaque geste et surtout du visage de ce jeune homme de 19 ans ». Le regard clair et les cheveux en bataille, Albert Pierrepoint parle d'une voix calme. 450 criminels sont passés entre ses mains, mais sa mémoire lui rappelle sans cesse les détails de l'exécution de Derek Bentley. Lors du procès, Christopher Craig sera jugé trop jeune pour être passible de la pendaison pour le meurtre d'un policier, que son complice avait commis à la suite d'un jugement extrêmement partial du juge Lord Chief. Même si, lors des audiences, l'avocat de Derek Bentley répète que son client, lui, n'est pas un tueur, le verdict est sans appel.

« Une semaine avant l'exécution, j'ai su que je serais chargé de l'accompagner dans les derniers instants de sa vie ». Albert Pierrepoint, visiblement ému, s'essuie le front avec son mouchoir. « Le matin, j'ai écouté la radio. On ne parlait que de ça. J'ai avalé mon petit déjeuner. Avec mon assistant, nous avons ensuite pris la direction de sa cellule. Il était assis à la table au centre de la pièce. Derek a cru que nous venions lui annoncer une bonne nouvelle, car nous portions tous des costumes sombres mais élégants [...] A l'instant précis où je lui ai parlé, j'ai surtout croisé le regard d'un enfant. Il avait l'air de ne pas savoir ce qui se passait. J'ai murmuré Suis-moi mon garçon. Il m'a jeté un dernier regard, puis j'ai placé la cagoule sur sa tête ».

Quarante-cinq ans après l'exécution, la justice britannique vient donc, enfin, de reconnaître Derek Bentley innocent. Ses proches, et notamment sa nièce, ont laissé éclater leur joie à la sortie du tribunal. « C'était une erreur judiciaire, a-t-elle dit, nous l'avons prouvé. Nous allons maintenant déguster une bouteille de champagne de 1958. C'est mon grand-père qui avait fait le vœu de la boire le jour où son fils serait reconnu innocent ». A peine sorti de l'adolescence, Derek Bentley a été pendu le 28 janvier 1953. « Il avait l'air de ne pas savoir ce qui se passait », confie quarante-cinq ans après l'exécution, le bourreau du jeune homme...

C'est en 2005 que le réalisateur Adrian Shergold sort son film « Pierrepoint » (The Last Hangman), on peut naturellement déplorer que le film ne sorte en DVD et Blu-ray que dans sa langue originale avec l'insertion de sous-titres français, seuls quelques « chanceux » on réussit à le voir dans sa version française sur une chaîne payante. Le rôle d'Albert Pierrepoint est assuré par Timothy Spall, tandis que celui de son épouse Annie Pierrepoint par l'actrice Juliet Stevenson. C'est également dans ce long métrage que l'on pourra assister à l'exécution de la dernière femme exécuté Ruth Ellis, le film qui sera réalisé sur son histoire « Un crime pour une passion » choisira de ne pas montrer son exécution s'attardant sur la dernière lettre écrite par la condamnée.

Contrairement à ce que laisse supposer le titre du film, The Last Hangman (le dernier bourreau), Albert Pierrepoint n'a pas été le dernier de Grande Bretagne. Après la retraite de celui-ci et pour que personne ne vienne réclamer ce titre, l'Angleterre a veillé à ce que les deux dernières exécutions que connurent le pays soient pratiquées au même moment dans deux villes différentes.

André Obrecht

C'est le 9 août 1899 que naît André Obrecht, fils de Jean-Baptiste Obrecht et Juliette Rogis. Son père sera forcé d'élever tout seul son fils car son épouse décède très tôt d'une tuberculose, André n'est alors âgé que de 5 ans.

Il est régulièrement confié aux bons soins des voisins les Durieux, à Rosalie, la sœur de sa mère et également à Anatole Deibler qui affectionnent beaucoup le jeune garçon. Il faut dire que les Deibler ont perdu un fils du même âge que le jeune André. Le jeune garçon est choyé même après le remariage de son père Jean-Baptiste avec une fille Durieux, ce qui fait de lui l'aîné des quatre enfants.

Il est alors âgé de 10 ans lorsqu'il découvre sur des cartes postales, le véritable métier de son oncle Anatole. Des clichés ont été pris pour l'exécution des chauffeurs de la Drôme en septembre 1909. Ainsi son oncle si doux et affectueux est le « bourreau de la République ». Terme que l'on préfère bannir pour lui préférer l'appellation d'exécuteur des arrêts criminels. Désormais ses nuits sont tapissées de têtes et d'exécutions même si la famille n'y fait jamais allusion durant les repas où réunions de famille.

Doué pour les études, il passe avec succès son certificat d'études à 14 ans. Il veut continuer ses études, mais les finances de la famille sont si basses que son père lui demande de trouver du travail. Il est embauché comme ouvrier mécanicien. C'est un bel homme avec un certain succès envers les femmes. Parti à Strasbourg pour effectuer son service militaire, il s'éprend d'une jeune femme alsacienne avec qui il a une fille, il ne pourra l'épouser et devra reconnaître l'enfant que des années plus tard. Il assiste à sa première exécution publique le 20 octobre 1921, alors que son oncle Anatole Deibler exécute les tueurs de la Poste Frintz et Luntz. Une vocation naît chez lui et décide après son service militaire de devenir exécuteur. Le 25 février 1922, durant une permission, il assiste à celle de Landru à Versailles, alors que l'on commence à parler de son intégration au sein de l'équipe.

Une fois avoir quitté l'armée il est intégré au sein de l'équipe en qualité d'adjoint de 2ème classe. Sa première exécution en tant que telle sera celle du 23 mai 1922 pour aider à la mise à mort de deux jeunes hommes à peine plus âgés que lui Cadet et Loeuillette. Son oncle est impressionné par la précision de ses gestes et son obéissance aux consignes données. Il décide de l'emmener ensuite dans chaque exécution. En 1926 André Obretch qui adore chanter se rend chez Georgina Lezaacq qui lui donne des cours en sa qualité de professeur de musique. L'un comme l'autre ne sont pas insensibles à leurs charmes respectifs. Ils décident de se marier, une union qui va durer pendant 15 années.

C'est en 1939 que son oncle Anatole Deibler décède laissant le poste d'exécuteur en chef libre et convoité par son cousin Jules-Henri Desfourneaux. Malgré la volonté d'André à se porter candidat il n'est pas choisi. Jules-Henri est préféré, dont la tante Rosalie appuie la demande. Toutefois, Obrecht est promu adjoint de 1ère classe en date du 15 mars 1939. C'est sous cette nouvelle responsabilité qu'il aide son cousin dans la dernière exécution publique métropolitaine le 17 juin à Versailles celle d'Eugen Weidmann.

La 2ème guerre mondiale lui fait perdre l'emploi qu'il avait comme mécanicien des usines Salmson. Mais durant l'occupation allemande les exécutions vont bon train. Il reproche à l'exécuteur d'obéir un peu trop facilement au régime de Vichy. Femmes de résistants, communistes et opposants au régime défilent allégrement sur « la bascule à charlots ». André décide donc de présenter sa démission pour montrer son désaccord en octobre 1943, les autres adjoints le suivent Henri Sabin et les frères Martin.

André Obrecht épouse une carrière de bookmaker dans les courses de lévriers au cynodrome de Courbevoie, il créa également une petite entreprise d'esquimaux glacés à destination des cinémas de la capitale. Personne ne pouvait se douter en dégustant sa crème glacée que derrière ce commerce se trouvait l'ex 1er adjoint du bourreau. Une fois la guerre terminée, il se fait de nouveau engager comme adjoint de 1ère classe, mais les rapports avec Henri Desfourneaux continuent de se dégrader jusqu'à en venir aux mains. Obrecht quitte une seconde fois le métier en 1947 après que Marcel Petiot est exécuté une année avant. Il a divorcé de Georgina en 1940 et a épousé en secondes noces Berthe Labbé qui tient un commerce de dentelles. Neuf ans plus tard, le couple part pour le Maroc et n'en revient qu'après la mort, un an et demi plus tard de son cousin en octobre 1951.

Le mois suivant, il est nommé exécuteur en chef des arrêts criminels, malgré les critiques des candidats qui lui reproche d'avoir quitté le métier

336

par deux fois et surtout ne plus exercer les fonctions à la mort du dernier. Une série de 65 exécutions vont avoir lieu dont la plupart sont des condamnés de droit commun ou des membres du FLN entre 1958 et 1961. C'est également durant cette année 1958 qu'il engage comme adjoint le mari de sa nièce Marcel Chevalier qui devient plus tard le nouvel exécuteur. Il exécuta 322 criminels dont Emile Buisson, Buffet et Bontems, Christian Ranucci qui sera sa dernière. Atteint de la maladie de Parkinson, il cède la place à Chevalier qui ne va accomplir sa tâche que par deux fois Jérome Carrein et Hamida Djandoubi avant son abolition le 9 octobre 1981.

A partir de 1967, il partage sa vie entre la ville de Nice et Paris avant de mourir le 30 juillet 1985. Il confie la rédaction de ses mémoires posthumes à Jean Ker de Paris-Match « le carnet noir du bourreau » à la seule condition qu'elles ne sortent qu'après sa mort, ce qui fut fait. Ses mémoires sont en effet publiés qu'en 1989.

Roger Borniche

Lorsque Roger Borniche naît le 7 juin 1919 à Vineuil-Saint-Firmin, dans l'Oise, rien ne le destine à une carrière de policier. A l'âge de 16 ans, il devient comique puis chansonnier passant dans de nombreuses émissions de radio. Mobilisé pour défendre son pays, il créé une troupe qui se produit dans les casernes de France. Il devient policier pendant la seconde guerre mondiale. En désaccord avec le régime de Vichy, il démissionne.

À la Libération, il rejoint son groupe « d'artistes de boulevard », et, un beau jour, le facteur lui dépose une lettre à en-tête du ministère de l'Intérieur : la police a besoin de se laver de son passé récent, elle a besoin de sang neuf. C'est ainsi que

Borniche, comme d'autres policiers qui ont refusé de collaborer avec l'Occupant, est réintégré au sein de la police. Il est affecté à la Police Judiciaire (PJ) de la sûreté nationale, puis rapidement, il rejoint la 1ère brigade régionale de police mobile, des brigades recréées de manière très éphémère en 1946, en mémoire aux fameuses brigades du Tigre de Clemenceau.

Roger Borniche se spécialise dans les bandes organisées qui profite du chaos de l'après-guerre pour commettre de nombreuses attaques à main armée, comme « le gang des tractions avant » ou le célèbre Emile Buisson qu'il conduira à la guillotine. Les méthodes de l'inspecteur, bien que jugées marginales sont pourtant efficaces et conduisent entre autres aux arrestations d'Abel Danos ou René la Canne, tout comme Jo Attia.

Il ne porte jamais d'arme, sans doute pour éviter d'avoir à s'en servir, se fiant surtout à son intuition. Son talent d'ancien comédien lui vaut même par des truands une proposition pour participer à des « coups ». Roger Borniche se régale. Il met à profit son expérience des planches pour manipuler ses indics. Son sens théâtral fait le reste chaque arrestation ressemble à une scène de cinéma. Lorsqu'il arrête l'insaisissable Émile Buisson, c'est dans un restaurant où il dîne avec sa première épouse. C'est elle qui lui passe les menottes, au grand dam de la hiérarchie qui effacera cet épisode des rapports officiels. Pour arrêter Pierre Carrot, dit

Pierrot le Fou n°2, il est déguisé en clochard, tandis qu'il se fait passer pour un journaliste afin d'approcher René Girier, alias René la Canne, avec qui il joue au 421, avant de lui mettre le grappin dessus.

Pendant ses 12 ans de carrière il va procéder à 567 arrestations, une moyenne d'une par semaine. Il est souvent décoré, notamment par la médaille d'honneur de la police, la médaille des actes de courage et devient l'inspecteur principal le plus jeune de France.

Son patron, le commissaire Charles Chenevier, accepte difficilement de marcher dans son ombre. C'est sur fond d'embrouilles que Roger Borniche rend sa carte en 1956. Chenevier parle de son inspecteur comme d'un homme borné, hâbleur près à endosser le succès des autres, saluant le courage de sa femme dans l'arrestation de « monsieur Emile ». Quant à Chenevier, il termine sa carrière en 1960 au poste de sous-directeur des affaires criminelles à la Sûreté nationale.

Roger Borniche obtient tout de même l'autorisation par le ministère de l'intérieur d'ouvrir un cabinet privé d'enquêtes situé à Paris, spécialisé dans les fraudes aux assurances. Une fois de plus, le succès est au rendez-vous, il peut se prévaloir d'une clientèle fidèle qui apprécie ses talents d'enquêteur. Il n'est pas nostalgique de son passé de policier, il croit seulement que chaque expérience dans la vie doit se vivre comme une chance et une manière de s'ouvrir à de nouveaux horizons.

Roger Borniche veut essayer de vivre son rêve américain et embrasse une carrière d'écrivain, c'est son fils Christian qui reprend son cabinet d'enquêtes, fier de pouvoir succéder à son père. Durant les années 1973 à 1999, il va ainsi sortir 28 romans inspirés de ses enquêtes, il dira plus tard qu'il manque d'imagination et se contente simplement de relater ses enquêtes menées alors qu'il était policier.

Du roman au cinéma, il n'y a qu'un pas, qu'il franchit allégrement avec le film de Jacques Deray « Flic story » inspiré de l'affaire Roger Borniche. Une grande satisfaction de l'auteur du livre qui se délecte des choix fait pour incarner les rôles principaux. Ainsi Borniche est vu sous les traits du célèbre Alain Delon, tandis qu'Emile Buisson n'en est pas moins bien servi avec Jean-Louis Trintignant qui donne une dimension au personnage. Ses films sont aussi le moyen de démontrer au public, les revers d'un métier peu connu avec une charge de travail énorme, souvent causée par des rivalités entre les différents services, le tout pour un salaire peu motivant au regard des heures passées.

Une autre qualité lui est reconnue, une mémoire à toute épreuve, ce qui l'aide à retranscrire ses histoires avec une fidélité impeccable. Si durant l'écriture il a un doute sur un fait historique lui permettant de recadrer le contexte, il file sans hésiter à la bibliothèque pour vérifier ses connaissances. Une grande amitié nait entre l'acteur Alain Delon et Roger Borniche au point que Delon va acheter les droits du livre pour en être le producteur. C'est également lui qui va convaincre son ami d'écrire son histoire, persuadé qu'il pourrait passionner des lecteurs avides de ses aventures.

Le talent de Roger Borniche ne s'arrête pas là. Il ne cesse de multiplier des articles et des récits dans des revues comme « Historia » ou « l'encyclopédie du crime ». Une manière pour lui de continuer de surfer sur une carrière artistique qu'il aurait poursuivie s'il n'était pas devenu policier. Pourtant il n'a jamais regretté à aucun moment d'avoir servi son pays.

Après avoir vécu de longues années en Californie aux Etats-Unis, Roger Borniche et son épouse rentrent à Cannes toujours dans le quartier de Californie mais cette fois dans les Alpes-Maritimes.

Roger Borniche décède le 16 juin 2020 à l'âge de 101 ans. Son ami Alain Delon très affecté par sa disparition parle d'un « pote » de 50 ans avant de déclarer : « Roger Borniche a eu une vie incroyable. Il a fait une très belle carrière. Ce n'était pas n'importe qui. C'était un grand monsieur, un grand flic, un super flic, au-dessus de tous les flics. C'était

Borniche, quoi ! Il a mené la vie qu'il a voulue, en passant à l'écriture et au cinéma ».

Georges Nguyen Van Loc

Georges Nguyen Van Loc est né le 2 avril 1933 à Marseille dans le quartier « du panier ». C'est dans cette ville qu'il va faire l'essentiel de sa carrière. Il fréquente durant son enfance plusieurs figures de la future pègre comme Gaëtan Zampa dit Tany Zampa.

D'origine vietnamienne, il sera durant sa vie surnommé « le chinois » par le milieu. Pourtant c'est en Algérie à Oran qu'il commence sa carrière comme « officier de paix », pays qu'il connaît bien pour y avoir combattu durant ses obligations militaires. En 1972, il créé le premier Groupe d'Intervention de la police Nationale le GIPN à Marseille qui a pour but principal de lutter contre le grand banditisme et le terrorisme, susceptible également d'intervenir pour les prises d'otage ou pour maîtriser un forcené. Une anecdote circule selon laquelle il n'a pas hésité à se déguiser avec son équipe pour neutraliser un toxicomane qui retenait sa mère en otage.

Lorsqu'il prend sa retraite en 1989, il peut se glorifier de n'avoir eu aucun de ses hommes morts pendant les 15 années où il sera au GIPN. On lui a d'ailleurs souvent revendiqué la naissance du RAID de la police nationale. Après avoir écrit des ouvrages, du tome 1 Le Chinois en 1989 jusqu'au tome 6 en 2006, il a interprété son propre rôle dans la série télévisée « Van Loc : un grand flic de Marseille » dont il était le personnage central de 1992 à 1998. C'est le 7 décembre 2008 à Cannes qu'il succombe d'une crise cardiaque, à 75 ans il repose au cimetière Saint-Pierre de Marseille.

Il est décoré à plusieurs reprises : Chevalier de la Légion d'honneur, Chevalier de l'ordre national du Mérite, Croix de la Valeur militaire avec citation à l'ordre de la division, Croix du Combattant, Médaille commémorative des opérations de sécurité et maintien de l'ordre en Algérie, Médaille d'or pour actes de courage et dévouement du ministère de l'Intérieur, Médaille d'honneur de la Police nationale à titre exceptionnel, Médaille des Blessés, Médaille de l'Assemblée nationale, Médaille du Sénat

Gérard Bouladou

Gérard Bouladou est né le 9 juillet 1951 à Montpellier. Après des études du niveau DUES de math physique, il devient inspecteur de police après sa réussite au concours puis part au service militaire. A son retour à la vie civile, il est policier pendant 30 ans et notamment, vers la fin de sa carrière, à la Brigade de Répression du Banditisme à Paris où il a occupé le poste de chef du cabinet de procédure.

Il a été marqué par le livre de Gilles Perrault « Le pull-over rouge » lors de sa sortie en 1978 car, avec les éléments que l'auteur donnait aux lecteurs, il y avait lieu de douter de la culpabilité de Christian Ranucci, accusé de l'enlèvement et du meurtre de

Marie Dolores Rambla, une fillette de 8 ans. Condamné à mort en mars 1976, Christian Ranucci a été guillotiné le 28 juillet de la même année dans la cour de la prison des Baumettes (Marseille). Dans l'exercice de son métier, Gérard Bouladou a toujours souhaité être juste et pour rien au monde, il n'aurait voulu envoyer en prison un innocent. Quant à emmener un innocent à la guillotine, c'est certainement la pire des choses que l'on puisse faire, un homicide involontaire en quelque sorte. Cette affaire a beaucoup préoccupé son esprit.

En 1984, alors qu'il était en fonction à Marseille, il a assisté à une autopsie pratiquée par le docteur Vuillet, médecin qui avait autopsié la victime de Christian Ranucci et examiné Ranucci à l'issue de sa garde à vue. Lors d'une discussion avec ce légiste, les éléments qu'il lui révéla lui donnèrent l'envie de vérifier si ce que raconte Gilles Perrault dans son livre est bien réel. En 1995, Gérard Bouladou est muté au commissariat de Police d'Aix en Provence. Il a la possibilité d'accéder à une bonne partie du dossier criminel de l'affaire. Il se lance donc dans son enquête personnelle.

Il a récupéré tout ce qu'il était possible de récupérer en articles de presses, témoignages audio ou vidéo de l'affaire. Il rencontre et enregistre la plupart des témoins et acteurs de cette affaire et en particulier des témoins incontournables que Gilles Perrault n'avait pas rencontrés. Son enquête lui ayant permis de constater que lorsqu'on lisait le livre de

Gilles Perrault, on relevait 205 erreurs, (certaines étant répétées plusieurs fois), il décide de se lancer dans l'écriture d'un livre pour permettre aux personnes intéressées par cette affaire de constater que la culpabilité de Christian Ranucci ne faisait aucun doute et qu'ils avaient été bernés par le livre de Gilles Perrault. Gérard Bouladou publie un premier livre en 2005 : « L'affaire du Pull-over rouge : Ranucci coupable ! » Il est mentionné dans ce livre que Gérard Bouladou est contre la peine de mort et que son livre ne traite que d'un sujet : Ranucci avait-il, oui ou non enlevé, et tué Marie Dolores Rambla ?

Durant ses investigations, il se rapproche notamment du père de la jeune Marie-Dolorès Rambla avec qui il tisse une amitié durable jusqu'à la mort de ce dernier qui connaitra également la douleur d'avoir son fils Jean, témoin de l'enlèvement de sa sœur, en prison pour le meurtre de sa patronne. En octobre 2006, il publie un deuxième livre pour remplacer le premier, épuisé, et pour le mettre à jour de tous les éléments dont il avait eu connaissance ensuite. En effet, son enquête a toujours suivi son cours et il a réussi à se procurer des nouveaux éléments du dossier ainsi que des archives audios et vidéos très intéressantes. Ce livre s'appelle « Affaire Ranucci : Autopsie d'une imposture ».

« L'imposture est d'avoir fait passer pour un grand enquêteur Gilles Perrault alors que les erreurs qu'il a commises dans son enquête sont impardonnables et ont donné une vision totalement fausse de l'affaire. » déclare Gérard Bouladou. Tout au long de l'écriture de ses deux livres, il n'a pas hésité à se rendre sur les lieux pour mieux comprendre les faits. Du fait de son métier, il est habitué à la mise en situation et aux reconstitutions mais son combat ne s'arrête pas là. Il participe à de nombreuses reprises à des émissions télévisées et radiophoniques. Ce qui lui permet, par personne interposé, de contredire la version de Gilles Perrault, tandis que de son côté, l'écrivain continue d'affirmer qu'il existe un doute sur la culpabilité Ranucci, malgré ses condamnations. De toute manière, il est évident que les deux personnes ne pouvaient se trouver sur le même plateau. Gérard Bouladou aimait les voyages, toujours curieux des lieux chargés d'histoire comme la visite faite à la prison d'Alcatraz ou encore son escapade à Dallas pour découvrir les lieux de l'assassinat de John Fitzgerald Kennedy le 22 novembre 1963.

Gérard Bouladou menait depuis quelques mois, un autre combat, contre la maladie cette fois, la même qui touche de nombreuses personnes sans que nous puissions l'éradiquer. Il s'est battu avec courage, toujours dans l'espoir d'une guérison, il nous a quittés le 25 avril 2019 à Aix en Provence aux environs de 15h00. Son travail et ses écrits resteront longtemps comme une interrogation sur l'affaire qui l'a toujours passionnée.

Giovanni Falcone

Le 18 mai 1939 naît à Palerme Giovanni, fils du directeur d'un laboratoire, Arturo Falcone et de Luisa Bentivegna. Il a déjà deux grandes sœurs Anna et Maria. Durant son enfance, il fréquente des jeunes gens qui deviendront plus tard criminels comme Tommaso Spadaro dont il ne suit pas le même chemin. Attiré par des études de droit, il devient magistrat instructeur dans les liquidations judiciaires en 1964.

C'est en instruisant ses dossiers qu'il découvre l'empire financier pour le moins obscur du grand banditisme connu sous le nom de la « Cosa Nostra ». Procureur adjoint au tribunal de Trapani, il est transféré en 1978 à Palerme où il devient juge d'instruction. C'est en 1979 qu'il entre au « pool anti-mafia » du parquet de Palerme après que le juge Cesare Terranova a été assassiné pour avoir tenté un procès contre les principaux mafieux, tous acquittés. Ce « pool », créé par le juge Rocco Chinnici, est une cellule de juges spécialisés dans les enquêtes complexes liées à la mafia. Rocco est lui aussi assassiné le 29 juillet 1983 par une voiture piégée au centre de Palerme. Les carabiniers chargés de son escorte et le concierge de l'immeuble sont tués eux aussi.

Un nouveau préfet est nommé à Palerme, Carlo Alberto dalla Chiesa pour combattre la mafia. Ce grand général des carabiniers ne vivra qu'un peu plus de trois mois, assassiné le 3 septembre 1982 à la mitraillette ainsi que son épouse et son garde du corps. En avril 1984, le réalisateur Giuseppe Ferrara en fera un film retraçant ce combat « 100 jours à Palerme » avec dans le rôle principal l'acteur Lino ventura. Le juge Antonino Caponnetto le remplace et continue son œuvre avec une certaine efficacité. En 1984, ils réussissent à obtenir les confessions d'un repenti, Tommaso Buscetta de la Cosa Nostra. Falcone ouvre ainsi avec son collègue Paolo Borsellino en 1986 ce qu'il y a lieu d'appeler le « maxi procès ».

475 accusés sont réunis pour ce procès mais parmi eux 119 sont en cavale dont Toto Riina, qu'on appelle « le parrain des parrains ». La cour pénale de Palerme étant trop petite, on décide de créer une

salle spécialement pour l'occasion à laquelle on donnera le nom de « aula-bunker » le 16 décembre 1987. Certains accusés comme le mafieux Nino Salvo déjà malade décède avant le procès. Le verdict donne 360 condamnations dont 19 à perpétuité mais 114 acquittements et pour les condamnés 2 665 années de prison cumulées. Loin de vouloir arrêter en si bon chemin, Falcone réclame plus de moyens afin de poursuivre le combat contre la mafia. Les décisions se font attendre. C'est en janvier 1988 qu'Antonino Meli est nommé chef du bureau d'instruction.

Opposé au « pool anti-mafia », il devient un adversaire de Giovanni Falcone qui envoie un courrier au conseil de la magistrature. Pour se plaindre des lenteurs, du laxisme de la police et des pouvoirs politiques, il demande sa mutation dans une autre région. Cinq de ses collègues feront de même, devenant des héros auprès du peuple. Dans le même temps, il devient l'ennemi public de la « Cosa Nostra » et doit se déplacer accompagné d'une solide escorte. Malgré le dispositif qui assure la sécurité du juge Falcone la Cosa Nostra réussit le 23 mai 1992 à l'assassiner. Rien n'est laissé au hasard dans cette attaque baptisée « le massacre de Capaci ».

Les membres de la mafia décident de placer sous l'autoroute empruntée par le juge dans un tuyau servant à l'évacuation des eaux, pas moins de 600 kilos d'explosifs. Le juge se trouve au milieu du cortège des voitures blindées, il trouve la mort accompagnée de son épouse, elle aussi juge, Francesca Morvillo ainsi que les trois gardes du corps du premier véhicule, Vito Schifani, Rocco Di Cillo et Antonio Montinaro. Le juge Falcone désirait mettre en place une nouvelle brigade anti-mafia et c'est pour envoyer un signal fort que la « Cosa Nostra » a décidé par son parrain Toto Riina d'éliminer le magistrat. Le corps du juge Falcone repose au cimetière de Sant'Orsola. En 2015, il est transporté à l'église Saint-Dominique (appelée aussi le Panthéon de Palerme). Aujourd'hui encore de nombreuses écoles et bâtiments publics portent le nom du magistrat comme l'aéroport connu sous le nom Falcone-Borsellino. L'annonce de son assassinat a suscité des réactions très fortes de la part de la population, ne cessant de lui rendre hommage pour son combat contre la mafia et le crime organisé. La dévotion autour du souvenir du juge se calque sur les pratiques catholiques, reprenant celles faites autour de la mémoire de Sainte Rosalie, la patronne de Palerme. De plus en plus nombreux, les habitants envisagent de briser la loi du silence qui protège la mafia.

La mafia continuant sa politique de violence, le juge devient une sorte d'ancêtre, celui de la lignée des martyrs de la justice, le magnolia faisant symbole d'arbre généalogique. A chaque assassinat, l'occasion de relancer la mémoire du juge perdure comme un refus de la population de vivre dans la peur d'une mafia.

Luc Fremiot

C'est avec la politique pénale que Luc Frémiot se fait connaître. Titulaire d'un Diplôme d'Etudes Approfondies (DEA) en droit pénal, c'est en qualité de substitut au Tribunal de Grande Instance (TGI) de Boulogne-sur-Mer qu'il commence sa carrière le 1er janvier 1981 pour être nommé juge d'instruction au TGI de Lille dès le 1er juillet 1982.

Une période de quatre années où il revient à Boulogne-sur-Mer le 1er septembre 1986 comme premier substitut du TGI. Luc Frémiot continue son ascension comme substitut général près de la cour d'appel de Douai dès le 1er septembre 1992. C'est sans surprise d'une carrière extraordinaire qu'il est nommé procureur de la République près le TGI de

Douai à partir du 1er janvier 2003, pour retrouver son poste de substitut général de la cour d'appel de Douai sept ans après le 1er janvier 2010. Luc Frémiot décide de prendre sa retraite le 1er novembre 2018, il n'en demeure pas consultant dans le cabinet d'avocats Ravet & Associés basé à Rennes en Bretagne située au nord-ouest de la France.

Durant sa carrière il met en place une politique contre la violence conjugale et les violences faites aux femmes en livrant un combat acharné pour que le mari violent soit expulsé du domicile. Le premier ministre à l'époque Jean-Pierre Raffarin va déclarer « la violence faite aux femmes » grande cause nationale avant que l'idée soit relayée par Najat Vallaud-Belkacem, ministre du droit des femmes. Luc Frémiot est célèbre pour avoir représenté l'accusation dans des procès médiatiques comme celui des frères Jourdain en 2000, du Gang de Roubaix en 2001, de Francis Evrard en 2009 ou encore d'Alexandra Lange.

Grâce au téléfilm « l'emprise » en 2015, inspiré de l'affaire Alexandra Lange, le public découvre Luc Frémiot sous les traits de l'acteur chanteur Marc Lavoine qui interprète le magistrat pour les besoins de la fiction. L'artiste désire apprendre par cœur le réquisitoire de Luc Frémiot prononcé lors du procès. Les mots sont si fort à ses yeux qu'il n'est nul besoin d'en réécrire une fiction, l'original parle de lui-même. Il est vrai qu'il est rare de voir un procureur censé demander le maximum pour l'accusé lors d'un procès, prendre au contraire sa défense, allant même jusqu'à présenter les excuses de l'Etat. Marc Lavoine déclare à son sujet : « c'est un juste qui se bat contre les a priori et ne se laisse pas influencer par les idées reçues ou les évidences ».

« - Alexandra Lange, nous avions rendez-vous. C'est un rendez-vous inexorable, qui guette toutes les victimes de violences conjugales. Ce procès vous dépasse parce que derrière vous, il y a toutes ces femmes qui vivent la même chose que vous. Qui guettent les ombres de la nuit, le bruit des pas qui leur fait comprendre que c'est l'heure où le danger rentre à la maison. Les enfants qui filent dans la chambre et la mère qui va dans la cuisine, qui fait comme si tout était normal et qui sait que tout à l'heure, la violence explosera.

Elles sont toutes sœurs, ces femmes que personne ne regarde, que personne n'écoute. Parce que, comme on l'a entendu tout au long de cette audience, lorsque la porte est fermée, on ne sait pas ce qui se passe derrière. Mais la vraie question, c'est de savoir si l'on a envie de savoir ce qui se passe. Si l'on a envie d'écouter le bruit des meubles que l'on renverse, des coups qui font mal, des claques qui sonnent et des enfants qui pleurent.

Ici, dans les cours d'assises, on connaît bien les auteurs des violences conjugales. De leurs victimes, on n'a le plus souvent qu'une image, celle d'un corps de femme sur une table d'autopsie. Aujourd'hui, dans cette affaire, nous sommes au pied du mur, nous allons devoir décider.

Mon devoir est de rappeler que l'on n'a pas le droit de tuer. Mais je ne peux pas parler de ce geste homicide sans évoquer ces mots des enfants : « Papa est mort, on ne sera plus frappés ». « Papa, il était méchant ». « Avec nous, il se comportait mal, mais ce n'était rien comparé à ce qu'il faisait à maman ».

On n'a pas le droit de tuer, mais on n'a pas le droit de violer non plus. D'emprisonner une femme et des enfants dans un caveau de souffrances et de douleur.

Je sais la question que vous vous posez. « Mais pourquoi Alexandra Lange n'est-elle pas partie avec ses enfants sous le bras ? » Cette question est celle d'hommes et de femmes de l'extérieur, qui regardent une situation qu'ils ne comprennent pas et qui se disent : « Mais moi, je serais parti ! ». En êtes-vous si sûr ?

Ce que vivent ces femmes, ce qu'a vécu Alexandra Lange, c'est la terreur, l'angoisse, le pouvoir de quelqu'un qui vous coupe le souffle, vous enlève tout courage. C'est sortir faire les courses pendant cinq minutes parce que celui qui vous envoie a calculé exactement le temps qu'il vous faut pour aller lui acheter ses bouteilles de bière. Et c'est à cette femme-là que l'on voudrait demander pourquoi elle est restée ?

Mais c'est la guerre que vous avez vécue, Madame, la guerre dans votre corps, dans votre cœur !

Et vous, les jurés, vous ne pouvez pas la juger sans savoir les blessures béantes qu'elle a en elle. C'est cela être juge, c'est être capable de se mettre à la place des autres.

Alexandra Lange, il suffit de l'écouter, de la regarder. De voir son visage ravagé. Mais un visage qui change dès qu'elle parle de ses enfants. On a beaucoup dit d'elle qu'elle était « passive ». Mais c'est une combattante, cette femme ! Ses enfants, elle leur a tenu la tête hors de l'eau, hors du gouffre. Il n'y a pas beaucoup d'amour dans ce dossier, mais il y a le sien pour ses enfants, et ça suffit à tout transfigurer. Ils ont 13, 11, 8 et 6 ans aujourd'hui, ils vous aiment, ils seront votre revanche.

Nous, la question que nous devons nous poser, c'est : « De quoi êtes-vous responsable, Alexandra Lange ? » Quelle serait la crédibilité, la légitimité de l'avocat de la société qui viendrait vous demander la condamnation d'une accusée, s'il oubliait que la société n'a pas su la protéger ?

Alors, je vais parler de légitime défense. Est-ce qu'au moment des faits, Alexandra Lange a pu penser qu'elle était en danger de mort ? Est-ce qu'en fonction de tout ce qu'elle a vécu, subi, elle a pu imaginer que ce soir-là, Marcelino allait la tuer ? Mais bien sûr ! Cela fait des années que ça dure. Alexandra a toujours été seule. Aujourd'hui, je ne veux pas la laisser seule. C'est l'avocat de la société qui vous le dit : vous n'avez rien à faire dans une cour d'assises, Madame. Acquittez-la ! ».

Yves Rénier

C'est le 29 septembre 1942 qu'Yves Renier voit le jour à Berne située en Suisse, c'est le fils d'un metteur en scène français Max Rénier décédé en 1993 et d'une mère anglaise Gladys Harrison. Dans sa jeunesse il suit les cours pendant quelques mois du comédien Yves Furet qui mettait l'accent sur la technique physique de l'acteur, diction, respiration.

C'est à l'âge de 17 ans qu'il obtient son premier rôle dans « les jours heureux » une pièce filmée par Arnaud Desjardins que diffuse l'ORTF en 1961. Yves Renier est un hyperactif et commence réellement sa carrière dans « le comte de Monte-Cristo » de Claude Autant-Lara en 1961, mais c'est surtout quatre ans plus tard que le public le découvre dans un feuilleton de Claude Barma « Belphégor ou le fantôme du Louvre » en compagnie de Juliette Gréco. Le succès de cette série fantastique lui permet d'obtenir un rôle dans une autre série de Pierre Ribard en 1966 « Globe-trotters ». C'est au début des années 1970 qu'il embrasse une carrière théâtrale avec notamment une pièce de Molière « le Misanthrope » mis en scène par Antoine Bourseiller.

Quelques films vont compléter ses débuts avec « Les Vierges » de Jean-Pierre Mocky en 1963, « Méfiez-vous, mesdames » ou « Un monsieur bien sous tous rapports » d'André Hunebelle. Ces longs métrages ne permettront pas à l'acteur de percer durablement dans le métier.

Il faut attendre 1976 pour que son personnage phare « commissaire Moulin » le révèle au public. C'est un véritable succès. Pourtant il abandonne un moment le rôle en 1982 car il estime que ce personnage trop propre sur lui qui ne sort que rarement son arme, lui provoquait une certaine lassitude. En 1989, c'est Claude de Givray, le patron des fictions de TF1 qui le convainc de reprendre le rôle. Yves Renier pose alors une condition, celle de pouvoir participer à l'écriture et à la mise en scène des épisodes. Yves Renier transforme le personnage en laissant tomber le costume pour le remplacer par un perfecto, un commissaire moderne chevauchant une moto. Il aborde des sujets qui lui tiennent à cœur, les bavures policières ou la lutte contre la drogue. Selon ses déclarations l'épisode « Zombie » réalisé en 1992 reste son favori.

Yves Rénier est le père de quatre enfants, une fille Samantha née en 1974 qui sera actrice, qu'on aperçoit dans la série « Commissaire Moulin » dans le rôle de Marie. Virginie Lola la chanteuse qu'il a eu avec Hélène Zidi. Il entretient également une relation amoureuse avec l'actrice américaine Goldie Hawn avant que cette dernière rencontre l'acteur Kurt Russel. Enfin avec sa dernière épouse Karine, Jules et Oscar nés en 2000.

Ce n'est pas pour autant qu'Yves Renier écarte le cinéma. Il apparaît dans plusieurs films comme « Diabolo menthe » de Diane Kurys en 1977, « Frantic » de Roman Polanski en 1988 ou encore « Merci la vie » de Bertrand Blier en 1990, « Les Anges gardiens » de Jean-Marie Poiré en 1995 et « Mortel transfert » de Jean-Jacques Beineix en 2000.

Le 14 novembre 1994, un épisode du commissaire Moulin basé sur l'affaire Patrick Tissier « Le récidiviste », va poser un réel problème avec des suites judiciaires. En effet, le commissaire Moulin interprété par Yves Renier relate dans cette fiction le viol et l'assassinat d'une petite fille, dans des circonstances rappelant le cas de Karine, alors que l'instruction du procès qui la concernant n'est pas terminée. Jocelyne Volckaert, porte plainte en diffamation contre TF1, après la diffusion par cette chaîne, de scènes rappelant le drame vécu par sa fille Karine. La jeune femme ignorait tout du passé de Patrick Tissier alors que l'épisode laisse supposer qu'elle avait couvert l'assassin.

Le lundi 3 avril 1995, le tribunal de grande instance de Perpignan décide de relaxer le comédien scénariste Yves Rénier et la chaîne TF1. Jocelyne Volckaert réclamait un million de francs de dommages et intérêts (environ 152 449 euros). Le procureur pour sa part se contentant de réclamer la somme de 50 000 francs chacun (7 622 euros) dans son réquisitoire. Pour se défendre, Yves Rénier déclare : « Je n'avais aucune intention de nuire... Si c'était à refaire, je le referais avec la ferme intention de dénoncer les assassins d'enfants et les récidivistes ».

Lors d'un précédent procès le 13 février 1995, la société de production du comédien « Protécréa » et la chaîne TF1 ont déjà été condamnés pour réparation du préjudice moral à 300 000 francs (45 735 euros) de dommages et intérêts à Jocelyne Volckaert et 200 000 francs (30 489 euros) à Marcel Volckaert, le père, ainsi que 10 000 francs (1 524 euros) au titre des frais de procédure. Le tribunal de grande instance de Perpignan avait ordonné la saisie du film et la publication du jugement dans plusieurs journaux. Les avocats s'étaient félicités de cette décision exemplaire qui fera jurisprudence et empêchera désormais les chaînes de télévision d'utiliser abusivement le malheur des gens et leur souffrance pour faire de l'Audimat.

Yves Rénier avait son personnage dans la peau et n'a cessé de se battre pour le faire vivre. Alors le jour où il a appris l'arrêt de Commissaire Moulin en 2008, il l'a très mal pris. Lors du dernier épisode, le directeur des fictions de TF1 Takis Candilis lui a communiqué ce qu'à son sens le spectateur ne voulait plus voir, ensuite tout est devenu compliqué. Deux ans plus tard, durant lesquels il continue d'être payé sans tourner, il assure même que le commissaire s'était « fait éjecter de TF1 comme un malpropre ».

Yves Renier tente bien une carrière musicale avec un titre « PCV » qui relate sa rupture avec l'actrice américaine Goldie Hawn durant l'année 1986 et sort également son premier roman « Le parano » aux éditions Balland. Yves Renier ne tient pas en place, toujours dans plusieurs projets, il essaie tout ce qui se fait dans l'industrie du cinéma prêtant sa voix notamment aux acteurs étrangers Burt Reynolds, Chuck Norris, ou Paul Hogan dans les films « Crocodile Dundee » en autre.

Yves Renier est infatigable, il enchaîne avec des séries à succès comme « Le Dolmen » en 2005 avec Ingrid Chauvin, des apparitions au cinéma dans « trois amis » de Michel Boujenah. Il prête également sa voix aux documentaires sur les grands criminels dans la collection Marshall

Cavendish. Enfin il se décide à passer derrière la caméra pour réaliser des projets qui le tiennent à cœur.

« Médecin chef à la santé » en 2012, « Flic tout simplement » en 2015 avec Mathilde Seigner sur l'affaire Guy Georges, « Je voulais juste rentrer chez moi » en 2017 sur l'affaire Patrick Dils, « Jacqueline Sauvage c'était lui ou moi » en 2018 avec Muriel Robin qui attire 9 millions de téléspectateurs lors de sa diffusion sur TF1 regrettant la publicité qui casse le rythme voulu pour la fiction. Enfin « la traque » en 2020 centré sur le tueur en série Michel Fourniret. Il connaît bien l'univers policier en présentant l'émission « Affaires criminelles » de 2008 à 2011 sur la chaîne NT1.

Yves Renier décède à son domicile de Neuilly sur Seine le 24 avril 2021 des suites d'un malaise cardiaque à l'âge de 78 ans.

Alphonse Bertillon

Albert PIERREPOINT

André Obrecht

Roger BORNICHE

Georges Nguyen Van Loc

Gérard BOULADOU

Le juge Giovanni Falcone

Luc FREMIOT

Yves RENIER

CRIMINOLOGIE Débats & réflexions

Du même auteur :

Aller simple pour l'échafaud
Terrorisme "le pouvoir de l'intimidation"01
Les grands criminels 01
Crimes aux usa 01
La galerie des monstres
Les grands criminels 02
Crimes aux usa 02
Les grands criminels 03
Crimes et cinéma 01
Crimes et cinéma 02
Les grands criminels 04
Terrorisme "le pouvoir de l'intimidation" 02
Crimes en haut de France
Les grands criminels 05
Crimes et cinéma 03
Les grands criminels 06
Les grands criminels 07
Crimes et cinéma 04
Les grands criminels 08
Crimes et cinéma 05

www.ingramcontent.com/pod-product-compliance
Lightning Source LLC
Chambersburg PA
CBHW072134290526
45794CB00004B/1308